上咨集团

上海投资
蓝皮书
2023 年度

SHANGHAI
INVESTMENT CONSULTING

上海投资咨询集团有限公司
上咨经济发展研究院　编

上海社会科学院出版社
SHANGHAI ACADEMY OF SOCIAL SCIENCES PRESS

图书在版编目(CIP)数据

上海投资蓝皮书. 2023年度/上海投资咨询集团有限公司，上咨经济发展研究院编 .— 上海：上海社会科学院出版社，2023
　ISBN 978-7-5520-4210-8

Ⅰ.①上… Ⅱ.①上…②上… Ⅲ.①投资环境—研究报告—上海—2023 Ⅳ.① F127.51

中国国家版本馆 CIP 数据核字（2023）第 149957 号

上海投资蓝皮书（2023年度）

上海投资咨询集团有限公司　编
上咨经济发展研究院

| 责任编辑：赵秋蕙　陈　军 |
| 特约编辑：张　虹 |
| 出版发行：上海社会科学院出版社 |
| 　　　　　上海顺昌路622号　邮编200025 |
| 　　　　　电话总机 021-63315947　销售热线 021-53063735 |
| 　　　　　http://www.sassp.cn　E-mail:sassp@sassp.cn |
| 排　　版：上海商务数码图像技术有限公司 |
| 印　　刷：上海商务数码图像技术有限公司 |
| 开　　本：889毫米×1194毫米　1/16 |
| 印　　张：12 |
| 字　　数：260千 |
| 版　　次：2023年8月第1版　2023年8月第1次印刷 |

ISBN 978-7-5520-4210-8/F·736　　　　　定价：180.00元

版权所有　翻印必究

上海投资蓝皮书（2023年度）

编委会主任： 胡宏伟　王　骅

编　　　委： 王　昊　孙　蔚　苏　凯　刘　晖

执 行 编 辑： 吕海燕　周鹤群　单　波　赵　超　陶中文
　　　　　　　彭　元　周　明　张　彬　李　亮

编 撰 人 员：（以姓氏笔画为序）

　　　　　　丁文君　丁章亮　于淑敏　王　凡　王吟之　王艳茹
　　　　　　王焕宁　石炜昕　田　苗　刘泉林　孙　萍　孙　腾
　　　　　　孙哲楷　李林依　吴　晖　杨光于　杨　蓓　邱俊彦
　　　　　　应　莺　沈新伟　张　虹　张　颖　陈志佳　陈昕琳
　　　　　　郁　波　金　颖　赵　丰　赵天驰　钟成林　姚　蔚
　　　　　　秦　春　徐李全　徐美卿　高　飞　葛文政　蒋丽娟
　　　　　　程红元　雷静琦　缪艳萍　黎悦童

特 邀 专 家： 王丹宇　尹小贝　田　丰　任　远　刘耕源　刘　嘉
　　　　　　　杜欢政　陆　莎　胡正坤　钟　雷　段　琦

部分特邀专家简介

杜欢政

国家循环经济专家，浙江省新世纪151人才，浙江省高校中青年学科带头人。现任中国社会科学院中国循环经济与环境评估预测研究中心副主任，长三角循环经济技术研究院（浙江）院长，中国再生资源产业研究中心主任。

任 远

复旦大学人口研究所副所长，复旦大学社会发展与公共政策学院教授，博士生导师。现任复旦大学人口研究所副所长，复旦大学城市与区域发展研究中心副主任，复旦大学长三角研究院副院长。

刘耕源

北京师范大学环境科学专业博士，硕士生导师。致力于城市生态核算、评价、模拟与优化方面的研究，主持多项相关课题研究，参与国家重点基础研究发展计划（973计划）、国家高技术研究发展计划（863计划）和国家自然科学基金项目，发表相关领域论文多篇。

胡正坤

商汤科技人工智能伦理与治理研究主任，上海交通大学计算法学与AI伦理研究中心执行主任，可信AI教育部工程研究中心技术指导委员会委员，联合国互联网治理论坛（IGF）人工智能政策网络专家组成员。

前　言
PREFACE

2022年，我国经济呈现出总量增、质量升、韧性强、走势好的发展态势。国内生产总值达121万亿元，总量比上年增加6.1万亿元；经济结构持续优化、发展质量稳步提升；抗风险、抗冲击能力不断增强；各界对我国经济未来走势普遍看好。2022年又极不平凡，党的二十大胜利召开，我们从"非凡十年"的"中国成就"中汲取前行力量，最大限度化解经济发展承压和疫情跌宕反复的影响，更加坚定了奋进新征程的信心和决心。

风回一镜揉蓝浅，雨过千峰泼黛浓。进入"十四五"以来，百年变局和世纪疫情交织叠加，本市固定资产投资也经历了跌宕波动。2023年，面临稳增长、稳投资、稳预期的重任，需要及时聚焦热点、化解难点，做好前瞻布局，确保经济社会高质量发展。基于此，《上海投资蓝皮书（2023年度）》重磅出炉。作为上海投资咨询集团有限公司（以下简称"上咨集团"）新型高端智库系列重要研究成果之一，本年度蓝皮书坚持聚焦固定资产投资这一主线主题不变，专业解读上海固定资产投资发展演变、运行特点、趋势走向。全书分为总报告、专题报告、典型项目和附录四个部分。第一部分为总报告，分析回望全市近年来特别是2022年固定资产投资总体情况，展望研判2023年全市固定资产投资形势、规模、热点和布局。第二部分为专题报告，以高端智库和专业咨询双重视野，从重大投资研究、先导产业集群、重点区域开发、韧性城市建设、社会民生保障、节能环保低碳等角度纵论固定资产投资项目应用与专业思考。第三部分为典型项目，遴选社会民生、产业科技、基础设施等领域代表性重大项目，生动展现固定资产投资特点和风貌。第四部分为附录，精编推进营商环境建设、加快经济复苏、助力重点区域建设等方面的重大政策。在此，要特别感谢上咨集团各位专家的积极参与，感谢你们为蓝皮书的权威性贡献了专业智慧。

2023年是全面贯彻落实党的二十大精神的开局之年，市场形势发生新的变化，经济活力将加速释放。希望《上海投资蓝皮书（2023年度）》的出版，能够对政府、企业和社会专业人士有所启示和帮助，让"上咨蓝"在助力上海社会经济高质量发展的道路上发光添彩，谱写"新智库"梦想的亮丽篇章。

目　录
CONTENTS

01 总报告

003　上海固定资产投资形势分析与趋势展望

02 专题报告

重大投资研究

027　当前上海市投资拉动政策研究
032　上海市重大工程涉及资源性指标统筹使用机制研究
038　上海市"五个新城"建设投融资热点研究
042　重大建设项目投资管控策略研究

先导产业集群

048　人工智能治理形势及推进思路研究
054　上海市加快元宇宙技术前瞻布局研究
060　上海市加快卫星通信及应用产业发展研究

重点区域开发

067　临港新片区探索试点统一大市场制度创新研究
073　虹桥国际开放枢纽建设一周年评估研究
078　上海市乡村振兴投融资热点研究

韧性城市建设

084 　上海市城市安全韧性建设的形势、基础与建议
089 　试论如何通过社会建设增强城市发展社会韧性
094 　浅析我国基础设施 REITs 市场发展现状

社会民生保障

102 　数字化背景下上海加快推进智慧医院建设的对策研究
108 　上海超大城市养老产业发展研究
113 　我国中医药老年照护发展现状研究

节能环保低碳

123 　中国城市与国际城市碳达峰碳中和对标研究
132 　上海循环经济发展的机遇和挑战
135 　上海创建"无废城市"实施方案研究

03 典型项目

社会民生领域

143 　上海市公共卫生临床中心应急医学中心项目
145 　上海临床研究中心新建工程项目
147 　上海市青少年科创体验中心项目
149 　华东政法大学长宁校区改扩建工程项目
151 　临港新片区顶科社区科学公园项目
153 　上海 LNG 站线扩建项目

产业科技领域

155 　上海生物能源再利用项目三期工程
157 　车用燃料电池系统及核心装备研发和中试线建设项目

基础设施领域

159　　上海市轨道交通 12 号线西延伸工程项目

161　　S16 蕰川高速（G1503—省界）新建工程项目

163　　金海路（杨高中路—华东路东侧）改建工程项目

165　　大芦线东延伸航道整治工程项目

167　　龙华排水调蓄工程项目

04 附录

国家及上海市推进营商环境建设及开放政策汇编

加快经济恢复和重振行动方面政策汇编

重点区域（临港新片区、长三角一体化示范区、虹桥国际开放枢纽）建设政策汇编

01
总报告

上海固定资产投资形势分析与趋势展望

一、2022 年上海固定资产投资全年回望

2022 年，面对国内外复杂严峻经济环境和疫情冲击等超预期因素的多重挑战，上海坚持以习近平新时代中国特色社会主义思想为指导，全面贯彻习近平总书记考察上海重要讲话精神和对上海工作重要指示要求，坚持统筹疫情防控和经济社会发展，打赢了大上海保卫战，经济发展韧性增强，全市经济运行呈现"平稳开局、深度回落、快速反弹、持续恢复"的态势，城市核心功能稳定运行，经济新动能持续发力，生产需求回稳向好。

（一）全年投资呈现"平稳开局、深度下探、加速恢复"

2022 年，在多种不确定性因素冲击下，上海经济增长表现出较强的韧性。总体来看，在第二季度触底之后，各项指标在第三季度迎来 V 型反弹，恢复势头良好，全年固定资产投资走出"平稳开局、深度下探、加速恢复"的反转态势，一季度同比增长 3.3%，二季度下降 37.1%，三季度增长 9.2%，四季度增长 14.3%，全年完成投资 9 457 亿元，同比下降 1.0%。

图 1　近年来上海市全社会固定资产投资额及增长率

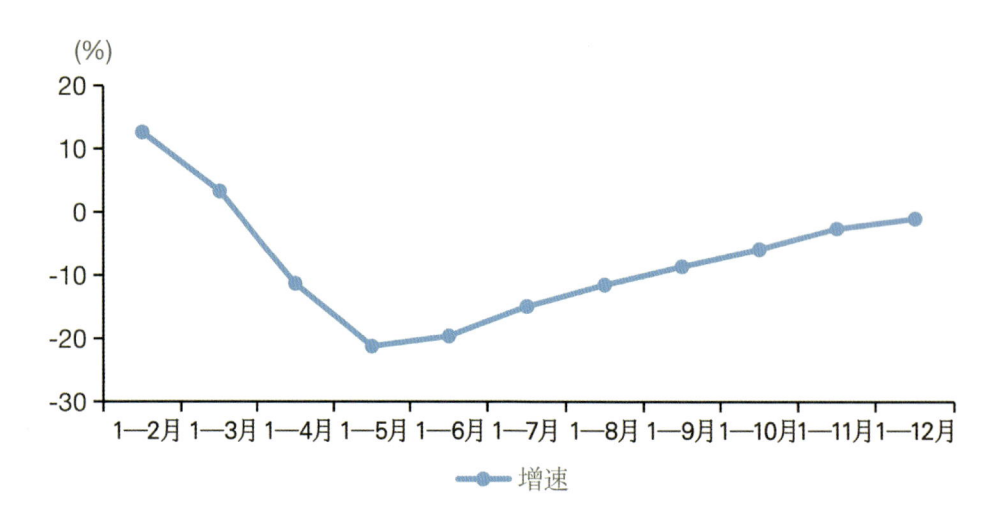

图 2　上海市 2022 年各月累计全社会固定资产投资额同比增长情况

（二）第二产业投资稳中有升

2022 年，第一产业同比下降 61.5%，降幅明显。第二产业、第三产业在第二季度触底后，下半年加速发力，下降比重大幅收窄。第二产业甚至扭转局势，实现全年同比增长 0.6%，固定投资规模连续七年增长，占全社会固定资产投资比重持续上升。第三产业 1—12 月较前三季收窄 8%，全年同比下降 1.2%。

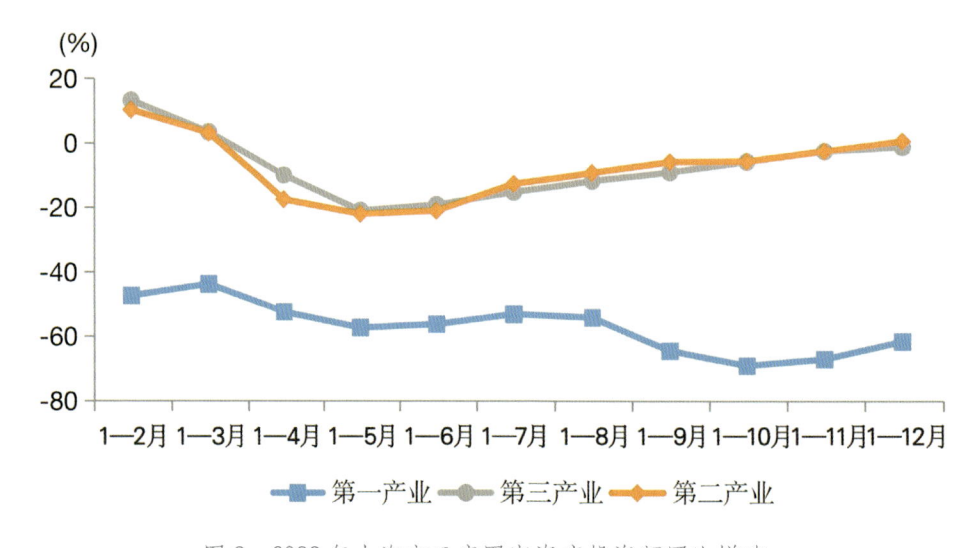

图 3　2022 年上海市三产固定资产投资额同比增速

上海进一步优化产业结构、业态结构、动力结构，集成电路、生物医药、人工智能三大先导产业"上海方案"102 项任务全部落地，世界级创新产业集群加快打造。2022 年，工业投资规模超 1700 亿元，创历史新高。其中，制造业投资增长 2.1%。

图 4　近年来上海市第二产业固定资产投资情况

（三）房地产投资增速平稳回落

2022 年，上海贯彻落实中央"房住不炒，因城施策"的要求，一方面统筹疫情防控，积极推动房地产市场复工复市，稳主体、稳信心、稳预期；另一方面，加强供需两端精细调控，落实各项防范化解风险工作，促进房地产市场平稳健康运行。2022 年，全市工业投资较上年增长 0.6%，城市基础设施投资下降 7.9%，房地产开发投资下降 1.1%。

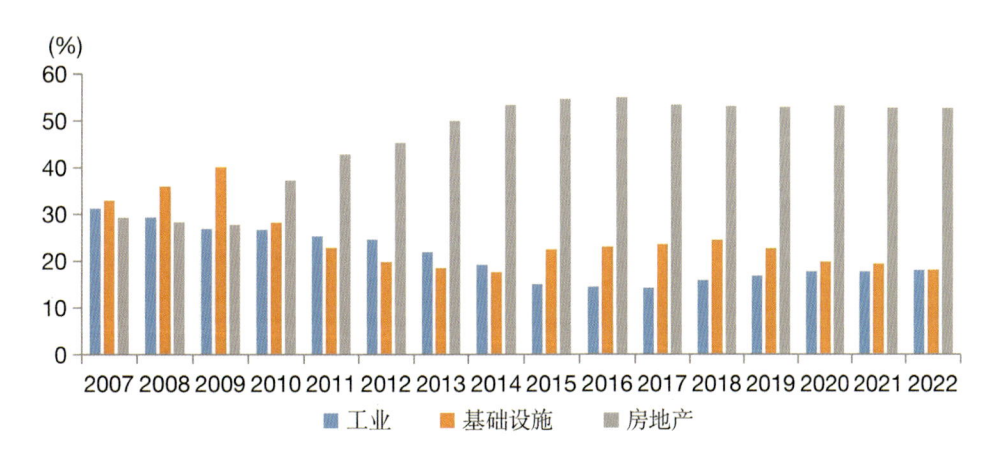

图 5　近年来上海市三大领域固定资产投资占比情况

2022 年，全市房地产开发投资 4 980 亿元，同比上年下降 1.1%，降幅比前三季度收窄 7.4 个百分点。房地产开发投资占全市固定资产投资比重 52.7%，比重连续三年下降。从房屋类型看，住宅势头依然强劲，投资增长 3.7%；商业商办疲软，办公楼投资下降 9.4%，商业用房投资下降 18.6%。

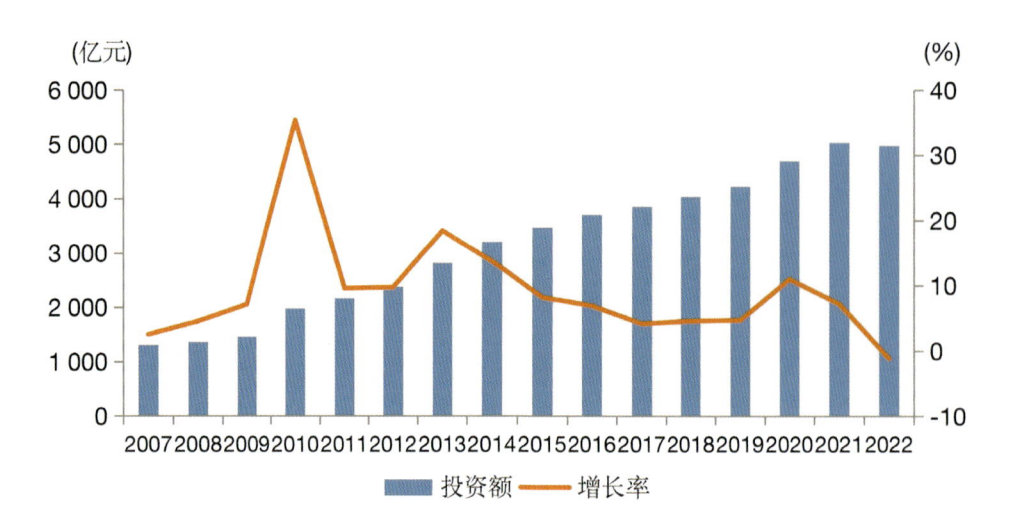

图6　近年来上海市房地产领域投资规模及增速

近年来，基础设施投资作为上海固定资产投资的重要组成部分，是本市稳增长的重要力量。交通运输、市政建设投资各占基础设施投资四成左右。2022年，全市基础设施领域，电力建设投资下降9.7%，交通运输投资基本与去年持平，邮电通信投资增长4.2%，公用事业投资下降15.7%，市政建设投资下降17.3%。

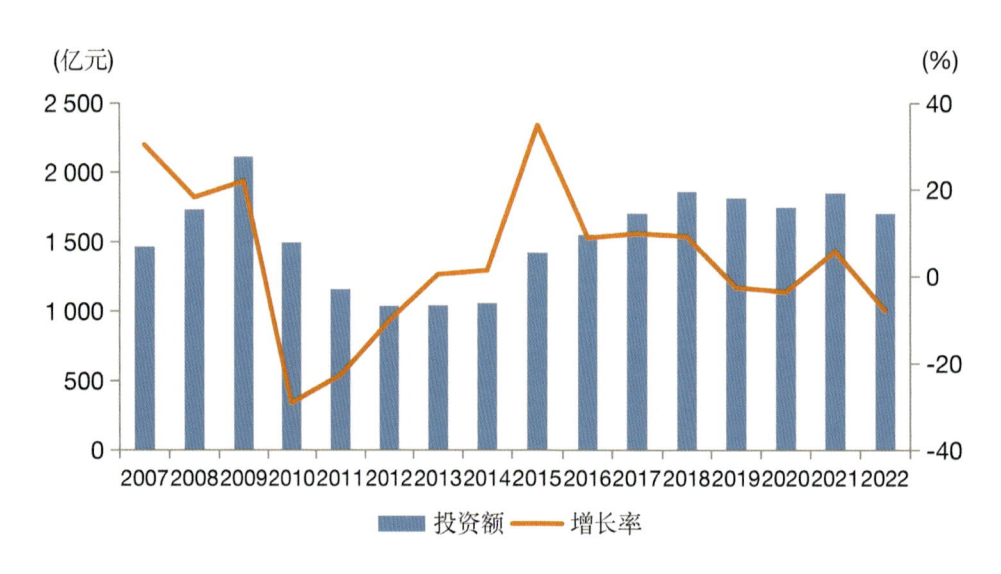

图7　近年来上海市基础设施领域投资规模及增速

（四）外商投资经济实现两位数逆势增长

上海国有经济和非国有经济投资多年稳定在3∶7左右，2022年，国有经济固定资产投资比上年增长0.8%，非国有经济投资中的集体经济投资降幅明显，同比下降19.8%，个体私营经济投资同比下降4.9%。

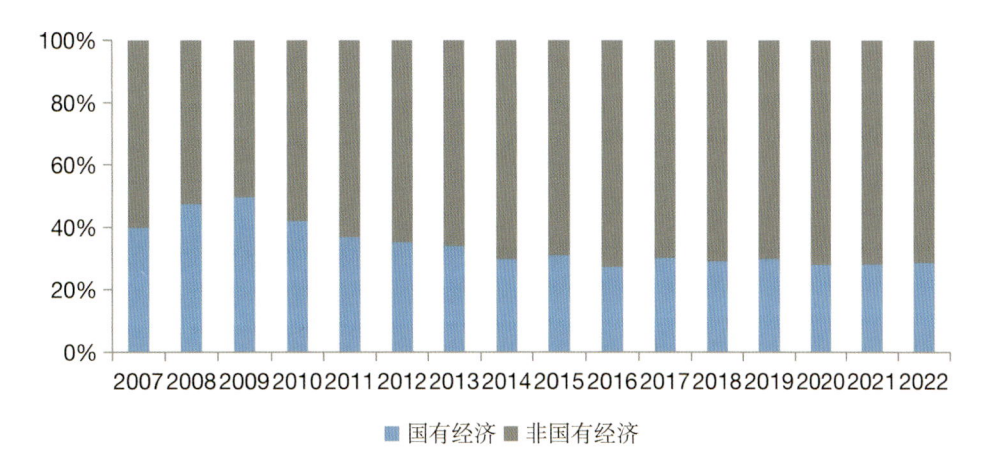

图8 近年来上海市各种经济类型固定资产投资结构变化

在世界经济下行压力加大、全球贸易增长动能趋缓的背景下，上海加快推进高水平对外开放，吸引外资逆势增长。2022年，成功举办上海城市推介会，不断优化营商环境，上海始终是全球投资兴业的热土。2022年，上海外商投资经济同比增长24.8%，实现两位数逆势增长。

（五）重点领域重大项目拉动作用显著

2022年，上海继续坚持以落实国家重大战略任务为牵引，推动改革开放向纵深发展，支持浦东打造社会主义现代化建设引领区，浦东新区全年实现固定资产投资同比增长11.4%。推动临港新片区、长三角生态绿色一体化发展示范区、虹桥国际开放枢纽等国家战略承载区域建设，五个新城建设全面推进，开工建设544个产业、交通、公共服务等重大项目，一批重大功能导入项目启动实施。完成优化营商环境5.0版改革任务，举办"潮涌浦江"投资上海全球分享季，积极运用政策性开发性金融工具（基金）、专项债券、设备更新改造贴息贷款等各类投融资工具，助力重大项目建设，引领投资回暖。

全市全年重大工程共安排正式项目173项，预备项目43项；全年完成重大工程投资2 099亿元，完成年初计划104.95%，投资额创历史新高。其中，科技产业领域实施了包括上海光源二期、CR929宽体客机研发保障建设项目、张江"科学之门"、金山乐高乐园等项目；基础设施领域实施了包括浦东国际机场四期、沪苏湖铁路上海段、机场联络线、北横通道、轨道交通崇明线等项目；社会民生领域实施了国家儿童医学中心、上海市疾病预防控制中心新建工程、上海大歌剧院等项目；生态环境领域实施了"一江一河"两岸公共空间建设、白龙港污水处理厂扩建三期、上海市固体废物处置中心项目二期、三林楔形绿地等项目。在重大项目建设的推动下，为上海市创新发展、转型升级提供了有力支撑，为生态城市建设提供了节能环保支持，为城市运行安全提供了基础设施保障，为民生改善提供了条件，为城乡一体化发展提供了基础，有力支撑了全社会固定资产投资的可持续发展。

二、2023年上海固定资产投资环境分析

（一）促进固定资产投资的有利因素

中国经济稳中向好，成为全球投资避风港。 随着中国疫情防控进入新阶段，经济社会恢复常态化运行，经济发展按下了"快进键"。根据国家统计局发布的数据显示，2023年一季度中国经济主要指标企稳回升，国内生产总值（GDP）同比增长4.5%；居民消费价格指数（CPI）保持温和上涨且不存在通货紧缩的情况；货物进出口总额同比增长4.8%。从生产需求看，三次产业稳步恢复，第三产业特别是服务业的支撑力显著提升，对经济增长的贡献率达69.5%；固定资产投资同比增长5.1%，有力增强了发展后劲；居民人均可支配收入同比名义增长5.1%，消费重回经济增长第一拉动力地位。一季度的开局"成绩单"体现了中国经济"稳"的扎实基础不断夯实、"进"的积极因素持续累积，彰显了中国经济的强大韧性。展望2023年，国内外主流媒体普遍认为2023年中国经济走势向上向好，各方面预期显著改善，IMF、高盛、摩根士丹利等多家国际机构纷纷将中国经济增长预期调高0.5—0.9个百分点。IMF最新报告预测，中国2023年经济实际增速预期大幅提升至5.2%，仍将是全球经济增长的最大贡献者。2023年是全面贯彻党的二十大精神的开局之年，也是疫情后经济全面复苏的关键之年，通过加大宏观政策调控力度，加强各类政策协调配合，发掘民众消费潜力，助力恢复消费场景，鼓励民间投资，将汇聚形成推动高质量发展的合力，有基础、有底气、有条件、有能力稳住经济大盘，有望成为全球投资的避风港。

全力落实重大战略任务，持续放大引领带动效应。《中共中央 国务院关于支持浦东新区高水平改革开放打造社会主义现代化建设引领区的意见》发布以来，上海紧扣"两特四区一中心一样板一保障"重点任务，全力落实中央支持意见，取得了显著成效。2022年，浦东新区经济增长快于上海市2个百分点左右，占比提高到36%以上，上海市经济发展的压舱石、稳定器的作用充分彰显。《上海市2023年国民经济和社会发展计划》提到，2023年上海将全面深化浦东引领区建设，推动浦东综合改革试点方案及国家授权改革事项落地实施，在科技创新、人才发展、城市治理等重点领域深化改革系统集成；推动洋山特殊综合保税区政策在浦东特定区域复制推广，推进外高桥保税区等海关特殊监管区域优化升级。同时，深入实施"三大任务"，推动实施自贸试验区及临港新片区建设行动方案，深化跨境贸易投资高水平开放外汇管理改革试点，全面落实加快建设滨海城市的23条市级专项支持政策，推动更多优质项目向动力之源、国际氢能谷等特色产业园集聚。积极配合深化科创板注册制、市场交易机制等制度创新，深入推进"浦江之光"行动，加强企业孵化培育，支持更多优质科创企业做大做强。全面推进长三角一体化发展第二轮三年行动计划，推动科创产业、基础设施等方面的重点合作事项和重大项目落实落地，推进上海大都市圈建设。这些都将为上海2023年固定资产投资增长提供有力支撑。

着力扩大有效投资，保持经济稳定增长。 2022年12月，中央经济工作会议指出，2023年经济工作要坚持稳字当头、稳中求进，继续实施积极的财政政策和稳健的货币政策，加大宏观

政策调控力度，加强各类政策协调配合，形成共促高质量发展合力。2022年全国财政工作视频会议指出，2023年要继续发挥财政稳投资促消费作用，强化政府投资对全社会投资的引导带动。2023年1月20日，上海市出台《上海市提信心扩需求稳增长促发展行动方案》，明确将继续把扩大有效投资作为提信心扩需求稳增长促发展的重要举措，2023年固定资产投资目标设定为增长5%左右。其中，重大项目进一步发挥支撑和牵引作用，全年安排正式项目191项、预备项目48项，计划完成投资2 150亿元，比2022年投资计划增长7.5%。2023年4月6日，上海举行2023上海全球投资促进大会，集中发布了一批招商引资、招才引智工作成果，现场签约26个代表性项目，总投资674亿元。2023年以来上海市已累计签约亿元以上重大产业项目353个、总投资2 254亿元，又梳理出包括26个代表性项目在内的重大招商签约项目168个、总投资3 270亿元。截至2023年4月，上海重大产业项目投资总额已超5 500多亿元，进一步增强上海2023年固定资产投资增长信心。

培育壮大新兴产业集群，巩固提升经济发展能级。近年来上海持续优化产业结构，大力发展战略性新兴产业，持续培育新动能，产业竞争力不断增强，在本轮经济快速复苏中发挥了根本作用。过去五年，上海发展新动能加速壮大。工业战略性新兴产业总产值占规模以上工业总产值的比重从2017年30.8%提高到2022年42%左右，集成电路、生物医药、人工智能三大先导产业规模达到1.4万亿元。上海高端产业引领功能持续提升，初步形成以三大先导产业为引领、六大重点产业为支撑的新型产业体系，工业总产值迈上4万亿元新台阶，首架C919大飞机正式交付。2023年1月，《上海市2023年国民经济和社会发展计划》着重强调，要深化提升三大先导产业"上海方案"，"促进重点产业提能升级"和"加快培育新兴产业集群"，推动高端装备、先进材料等行业扩产增能。为保障新赛道、新产业高质量发展，上海将在组织统筹、资金支持、载体布局、开放合作等方面提出一系列政策举措。如更新发布2022版上海市产业地图，推出一批特色产业园区；发起设立百亿级元宇宙产业基金，支持创新企业上市；强化国际合作，打造一批具有国际影响力的"上海标准""上海品牌"，争取到2025年，绿色低碳、元宇宙、智能终端产业总规模突破1.5万亿元。

推动外贸保稳提质，加大吸引外资力度。2022年12月，习近平总书记在中央经济工作会议上讲话指出，要更大力度吸引和利用外资。2023年1月，国务院常务会议要求积极吸引外资，持续加强外资企业服务，推动重大项目加快落地。同月，国家发展改革委和商务部联合发布的《鼓励外商投资产业目录（2022年版）》正式施行，促进制造业引资、鼓励外资研发中心发展等一系列专项政策落地见效。修订鼓励外商投资范围表明我国持续扩大对外开放的力度和深度，有利于丰富投资主体、加快产业结构升级。2023年3月，《政府工作报告》中再次强调，要扩大高水平对外开放，推动外资平稳发展。上海坚决贯彻党中央、国务院部署，始终把高质量做好外贸外资作为重中之重的工作来抓，近年来，先后出台了多轮稳外贸稳外资政策，取得了积极成效，贸易枢纽功能进一步提升，外商投资首选地的地位更加巩固。2022年，全市货物进出口和实际使用外资规模双双创下历史新高，全市外贸进出口4.19万亿元，增长3.2%，连续两年突破4万亿元；实际使用外资239.56亿美元，连续三年稳定在200亿美元以上。2023年以来，上海外贸外资开局实现平稳增长，展现出较强的发展韧性。1—2月，全市货物进出口6 815.6亿元，在去年同期高基数、高增速的基础上增长0.7%；实际使用外资49.61亿美元，增长18%；新增跨国公司地区总部11家、外资研发中心5家，累计分别达到902家、536家。2023年4月，上海发布了《上海市促进外贸稳规模提质量的若干政策措施》和《上海市加大吸引和利用外资若干措施》，进一步提振外资在沪发展信心，持续扩大外资流入，继续推动外贸外资高质量发展。

全面推进五个新城建设，打造城市发展新增长极。 "新城发力"是上海构建"十四五"城市空间新格局的重要部署。2022年起，嘉定、青浦、松江、奉贤和南汇五个新城建设从规划蓝图转入谋定发力的新阶段。2022年7月，上海市政府发布《关于推动向新城导入功能的实施方案》，向五个新城导入25项重要新功能，使之投资上规模、产业上能级、建设上水平。在五个新城建设的带动之下，上海正努力克服疫情冲击影响、加快实现经济重振。2023年1月，《上海市政府工作报告》提到，五个新城建设全面推进，完成新城总体城市设计，开工建设544个产业、交通、公共服务等重大项目，总投资8 415.6亿元，一批重大功能导入项目启动实施。2023年本市将持续加大对"五个新城"的功能导入力度，加快集聚一批企业总部、研发机构和要素平台；全力打造新城中心、产业社区、老城社区等示范样板区；深化"一城一名园"建设，鼓励更多科技企业落户新城，培育特色优势产业集群；加快构建松江枢纽等"一城一枢纽"，推进12号线西延伸、嘉闵线等轨道交通线建设，提高中运量等骨干公交网络密度；持续提升公共服务能级和水平，新建15所中小学、幼儿园，推进新城绿环、体育公园、文化新空间建设。

（二）影响固定资产投资的不利因素

全球经济前景暗淡且存在不确定性。 2022年，新冠疫情、俄乌冲突及其引发的粮食和能源危机、通胀飙升、债务收紧以及气候紧急状况等系列重大冲击，导致世界经济遭受重创。联合国发布的《2023年世界经济形势与展望》报告指出，受多重危机交汇的影响，世界经济前景暗淡且存在不确定性。2023年，全球经济增速预计为1.9%，成为数十年来增速最低的年份之一。世界银行发布的《下降的长期增长前景：趋势、预期和政策》显示，在主要经济体经济增速放缓的背景下，全球潜在经济增速将降至2000年以来的最低水平，2023年至2030年间平均年度增速预计为2.2%。报告认为，全球经济潜在增速，即不引发通货膨胀的最高经济长期增速，将在2030年前降至2.2%的年度平均水平，低于2011—2020年间的2.6%和2001—2010年间的3.5%。上海作为我国改革开放的前沿窗口和对外依存度较高的国际大都市，经济发展预计受到一定冲击和影响。

国际地缘政治冲突将加剧投资不确定性。 2018年中美经贸摩擦发生以来，美国开始在全球构建所谓"去中国化"的全球化。随着新冠疫情暴发和全球大流行，美国进一步加快了这一进程。在这一背景下，乌克兰危机的爆发和升级加速了全球化的"分裂"，世界陷入地缘政治冲突的风险加大。乌克兰危机已持续一年多，目前仍没有明显迹象表明会很快结束。作为"冷战"结束以来欧洲大陆发生的严重的地缘政治危机，对世界政治经济进程将产生深远影响。德国科隆经济研究所（IW）研究显示，2022年乌克兰危机给全球经济造成的损失超过1.6万亿美元，预计2023年全球损失约为1万亿美元。研究指出，乌克兰危机导致全球供应和生产中断，推高能源价格，通胀急剧增长，削弱消费者购买力。同时，乌克兰危机爆发后，美西方采取极端措施对俄进行金融制裁且不断加码，严重冲击国际金融秩序，引发全球金融市场剧烈动荡。俄罗斯和欧洲分别作为中国极为重要的军事战略伙伴和经济战略伙伴，俄乌冲突势必对中国产生重大而深远的影响，将会对上海利用外资和对外贸易等产生不利影响。

国际银行业动荡对投资增长形成挑战。2023年3月，欧美国家的银行业正遭遇前所未有的挑战，先是美国硅谷银行宣布倒闭，接着银门银行以及签名银行也在短短5天之内宣布破产倒闭，后是百年品牌瑞士信贷银行"暴雷"被瑞银收购，再到德意志银行股价暴跌。欧美银行业危机虽尚未引发系统性风险，但是仍然对全球经济和金融市场造成了一定程度的冲击。欧美银行业危机暴露了金融的不稳定性和恐慌情绪，导致了全球股市的大幅波动，尤其是银行股的暴跌，引发了投资者的抛售和避险。同时，欧美银行业危机也影响了全球债券市场，导致了信用利差的扩大，债券收益率的上升，债券价格的下跌，增加了债务人的偿债压力。一是如若国际银行业动荡进一步加剧，中国可能再度面临短期资本外流，人民币兑美元汇率也可能面临新的贬值压力；二是美国利率上行导致美国国债和美国机构债的市场价格缩水，既给欧美投资者造成了重大损失，也给大量持有美国国债和机构债的中国投资者造成了显著损失；三是硅谷银行破产对与其有直接或间接联系的中国科创企业会有一些不利影响。这些都将导致经济和投资的波动，对全年度投资调控和稳增长形成挑战。

房地产良性循环和健康发展任重道远。2022年受"停贷潮"事件的影响，政府对房地产企业预售资金监管趋严，同时疫情持续使得房地产市场需求不足，最终导致房地产企业投资信心不足，房地产开发投资同比增速从4月开始由正转负，且降幅不断扩大。2022年12月，中央经济工作会议再次明确，要坚持房子是用来住的、不是用来炒的定位，推动房地产业向新发展模式平稳过渡。要因城施策，支持刚性和改善性住房需求，解决好新市民、青年人等住房问题，探索长租房市场建设。2023年1月，《上海市政府工作报告》也明确要坚持房子是用来住的、不是用来炒的定位，促进房地产市场平稳健康发展。近年来，上海始终严格贯彻落实中央"房住不炒、一城一策"，因地因时采取调控措施，注重发挥保障性住房"稳定器"作用，房地产占固定资产投资比例自2014年突破50%后稳定保持约53%，已处于合理区间。上海将继续稳妥实施"一城一策"，以"三稳"为目标，更加注重供需双向精准调控，支持刚性和改善性住房需求有序释放，防范化解房企风险。当前上海房地产市场呈现结构性分化特征：住宅势头依然强劲，但"三条红线""限价限购"造成土地市场降温；全市存量及在建商办总量过大，近中期存量消化压力增大；房地产市场从底部企稳回升需要一定的时间，经济增长动能乏力。如何发挥好住宅对稳投资的基础性作用，实现商业商办联动开发，发挥好保障性住房的调控作用，共同推动固定资产投资保持合理水平，仍然是一项需要不懈探索和努力的工作。

三、2023年上海固定资产投资规模预测与前景展望

（一）"十四五"全市固定资产投资规模预测

从投资增长情况来看，目前上海市固定资产投资呈现缓中趋稳的增长态势。从全国范围看，保持合理的固定资产投资规模仍是促进经济持续增长的重要保障。2023年是全面贯彻落实党的二十大精神的开局之年，是实施"十四五"规划承上启下的关键一年，也是疫情防控政策放开后的重要一年，《上海市提信心扩需求稳增长促发展行动方案》全面实施、2023年上海全球投资促进大会成功举办、新版上海市投资促进24条政策措施正式发布。建议2023年上海市固定资产投资增速按5%—6%的目标推进，总规模迈上万亿元的新台阶。"十四五"后两年年均增速建议保持在6%—7%，即"十四五"上海市固定资产投资规模在5.0万亿—5.2万亿元。

图9 上海市全社会固定资产投资及增速

从投资与GDP的关系来看，上海目前经济发展进入新常态，GDP年增长率基本在6%—8%的合理区间内，2022年因新冠疫情影响而出现波动。随着经济社会的不断转型，经济发展对投资的依赖性有所下降，近年来固定资产投资占GDP的比重逐年下降至21%—23%。"十四五"时期是我国全面建成小康社会、实现第一个百年奋斗目标之后，乘势而上开启全面建设社会主义现代化国家新征程、向第二个百年奋斗目标进军的第一个五年。假设2023年上海全年GDP增速回升至5%—6%、"十四五"后两年以年均6%—7%的速度增长，即"十四五"五年GDP总量将达到24万亿元左右。同时，考虑到投资在逆周期稳增长方面的重要作用，我们认为"十四五"时期固定资产投资占GDP的比重将在21%—22%，则"十四五"时期固定资产投资将达到5.1万亿—5.2万亿元。

图10 上海市地区生产总值及固定资产投资占GDP比重

综合以上方法对"十四五"固定资产投资项目规模的预测结果，从尊重全市固定资产投资的一般规律，落实疫情后"稳增长"发展要求，同时发挥好固定资产投资对城市高质量发展的促进作用，初步判断"十四五"期间全市固定资产投资规模为5.0万亿—5.2万亿元。

（二）2023年全市固定资产投资规模预测

根据目前上海经济在疫后展示出的强大韧性，以及及时出台的各项稳增长促投资措施，我们初步判断上海市全年固定资产投资将稳步提升。预计2023年上海市固定资产投资年增速5%—6%，即2023年固定资产投资规模9 900亿—11 000亿元。

从五年规划的投资规律来看，上海市固定资产投资从"八五"到"十三五"呈现各年投资规模不均、各年投资规模递增、各年投资规模趋于平均的特征更加显著。然而由于物价变动，即使各年投资量相等的情况下投资金额也会不同，投资规模很难做到完全相等，"十一五""十二五""十三五"第三年固定资产投资占五年固定资产投资比例均为19.5%—20.5%。建议2023年按20%暂估，预测固定资产投资规模10 000亿—11 000亿元。

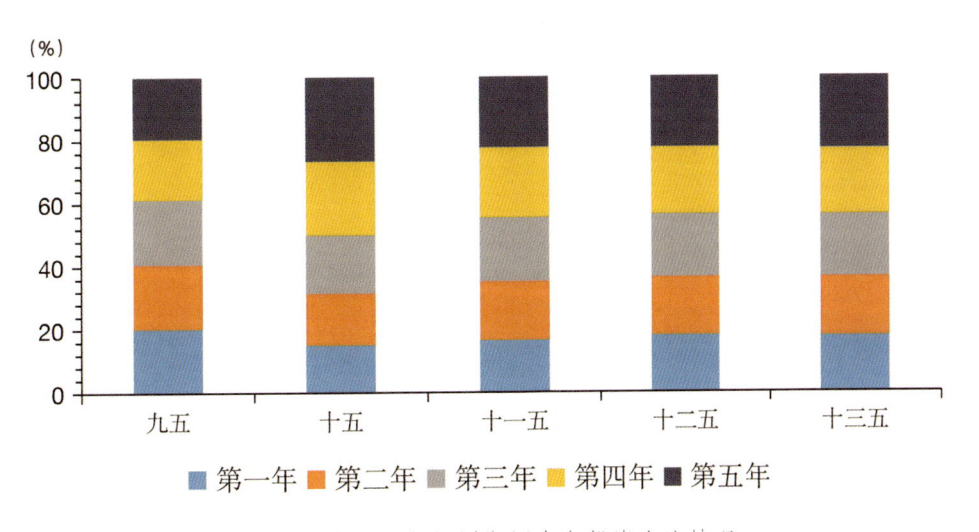

图11 上海市五年规划期间各年投资占比情况

综合以上分析，我们初步预测2023年上海市固定资产投资规模将有望超过10 000亿元。

（三）全市固定资产投资前景展望

展望一：对全市固定资产投资热点领域的判断

——**聚焦科创中心战略，推进科技产业项目建设**。加快建设具有全球影响力的科技创新中心，强化科技创新策源功能，加快培育一批国家实验室上海基地，完善科研基地平台体系，持续构建光子、生命科学、海洋等领域设施集群。推动先进制造业集群发展，强化新赛道布局，促进创新链与产业链深度融合，瞄准产业链高端和核心环节，提高集成电路创新发展能力，促进生物医药创新产品应用推广，优化人工智能自主可控软硬件生态。以实施国家战略任务为牵引，全面深化"五个中心"建设，持续提升城市能级和核心竞争力。2023年，将推动张江复旦国际创新中心、高效低碳燃气轮机试验装置国家重大科技基础设施、中芯国际12英寸芯片项目、华为上海研发基地（青浦）、中国生物抗体产业化基地建设项目一期、大型绿色数据中心、北外滩核心区功能提升、金山乐高乐园等重大项目建设。

表1　2023年上海市重大建设项目（科技产业类）

序号	项目名称	备注
（一）	科创中心（8项）	
1	上海硬X射线自由电子激光装置项目	在建
2	高效低碳燃气轮机试验装置国家重大科技基础设施	在建
3	国家海底长期科学观测系统	在建
4	磁–惯性约束聚变能源系统关键物理技术项目	新开工
5	张江复旦国际创新中心（微纳电子与量子科技融合创新大楼、生物与医学科技融合大楼、3号科研楼）	在建
6	张江实验室研发大楼	在建
7	同济大学上海自主智能无人系统科学中心	在建
8	中科院上海药物所原创新药发现能力提升项目	在建
（二）	先进制造业（56项）	
9	中航商用航空发动机公司产业基地建设项目	在建
10	中国商用飞机公司总装制造中心浦东基地建设项目	在建
11	CR929宽体客机研发保障建设项目	在建
12	民用飞机航电系统"三中心一总部"项目	在建
13	上海外高桥造船有限公司邮轮总装建造总体规划项目	在建
14	中船长兴造船基地二期	在建
15	华域汽车技术研发中心	建成
16	金发科技汽车材料全球创新研发中心及产业化项目	在建
17	延锋国际临港智能座舱配套项目	在建

（续表）

序号	项目名称	备注
18	宁德时代未来能源技术研发及产业化基地项目	在建
19	中芯国际12英寸芯片项目	在建
20	中芯国际临港12英寸晶圆代工生产线项目	在建
21	积塔半导体特色工艺生产线项目	在建
22	超硅半导体300mm集成电路硅片全自动智能化生产线	在建
23	上海超硅生产研发及配套设施建设项目	在建
24	顺络电子高端电子元器件与精密陶瓷研发及先进制造配套基地	在建
25	和辉光电第六代AMOLED生产线产能扩充项目	在建
26	格科半导体12英寸CIS集成电路研发与产业化项目	在建
27	鼎泰半导体12英寸自动化晶圆制造中心项目	在建
28	新昇半导体300mm集成电路硅片研发与先进制造基地项目	在建
29	上海临港化合物半导体4英寸、6英寸量产线项目	在建
30	上海天岳碳化硅半导体材料项目	在建
31	上海江丰临港基地电子专用材料产业化项目	新开工
32	中航凯迈红外探测器生产基地	新开工
33	中微临港产业化基地	在建
34	盛美半导体设备研发与制造中心	在建
35	修正生物制药医药产业园	在建
36	药明生物全球创新生物药研发制药一体化中心	建成
37	美迪西北上海生物医药研发创新中心产业基地项目	在建
38	复宏汉霖生物医药产业基地	在建
39	上海医药集团生物医药生产基地	在建
40	昊海生物科技国际医药研发及产业化基地	在建
41	信达生物全球研发中心	在建
42	中国生物抗体产业化基地建设项目一期	在建
43	华领医药产业化发展基地	在建
44	新开源精准医疗全球研发转化生产松江基地项目	在建
45	蓝帆医疗科创总部及产业化基地项目	在建
46	斯微生物mRNA疫苗生产线项目	建成
47	联影医疗生产研发基地项目	在建
48	国盛生物医药产业园	在建
49	东软上海科技中心项目	在建
50	商汤科技上海新一代人工智能计算与赋能平台项目	建成
51	上海发那科智能工厂三期	建成
52	ABB机器人超级工厂	建成

(续表)

序号	项目名称	备注
53	金闳科技智能机器人产业基地	在建
54	大信·中信海直华东无人机总部基地	新开工
55	榕融新材料先进制造基地项目	在建
56	庄臣中国制造工厂新建项目	新开工
57	英威达聚合物三期扩建项目	在建
58	合成气装置三期扩建项目	在建
59	华谊合成气项目	新开工
60	中国石化国产万吨级大丝束产业化装置项目	在建
61	中国石化高性能弹性体项目	在建
62	宝武集团无取向硅钢产品结构优化项目	在建
63	华为上海研发基地（青浦）	在建
64	上海陕煤研究院总部研发基地项目	新开工
（三）	现代服务业（13项）	
65	西岸传媒港、西岸智慧谷（网易、腾讯、阿里零售、金融城）	在建
66	大型绿色数据中心（中国移动、腾讯、阿里巴巴）	在建
67	虹桥商务区核心区基础设施配套项目二期	在建
68	北外滩核心区功能提升项目	新开工
69	SMG全媒体创新平台（东方智媒城）	在建
70	金山乐高乐园	在建
71	中国核建上海科创园	建成
72	中核集团上海总部园	建成
73	中交集团上海总部基地	在建
74	网易上海国际文创科技园（青浦）	在建
75	美的集团第二总部项目	在建
76	美团科技中心	在建
77	张江"科学之门"项目	在建

资料来源：上海市发展和改革委员会

——**聚焦补短板惠民生，推进社会事业项目建设**。以教育高质量发展为主题，坚持办人民满意的教育，加大优质教育资源供给，促进基础教育优质均衡发展。全面推进医疗服务体系高质量发展，完善基层医疗机构功能，争取更多国家医学中心落沪，推进国家中医药综合改革示范区建设。增强城市文化软实力，持续深化社会主义国际文化大都市建设，打造一批具有全球影响力和辨识度的文化、体育、旅游融合项目。2023年，将推动上海交通大学医学院浦东校区、"五个新城"三级综合性医院、复旦大学附属中山医院国家医学中心、上海大歌剧院等重大项目建设。

表 2 2023 年上海市重大建设项目（社会民生类）

序号	项目名称	备注
（一）	教育（8 项）	
1	立信会计金融学院浦东新校区	在建
2	上海出版印刷高等专科学校奉贤校区一期	在建
3	上海交通大学医学院浦东校区	在建
4	上海理工大学军工路 516 号校区改扩建工程	建成
5	上海电子信息职业技术学院四期	建成
6	上海大学宝山校区扩建四期	在建
7	上海第二工业大学三期工程	建成
8	上海第二工业大学金海路校区拓展工程	建成
（二）	医疗卫生（18 项）	
9	五个新城三级综合性医院（瑞金北院二期、市一南院二期等）	在建
10	上海市疾病预防控制中心新建工程	在建
11	上海市公共卫生临床中心应急医学中心项目	在建
12	国家儿童医学中心（上海）	在建
13	复旦大学附属中山医院国家医学中心建设项目	新开工
14	上海临床研究中心新建工程	在建
15	上海市第一人民医院眼科临床诊疗中心	建成
16	仁济医院肝脏泌尿外科临床诊疗中心	建成
17	瑞金医院消化道肿瘤临床诊疗中心	在建
18	上海市第六人民医院骨科临床诊疗中心	建成
19	上海交通大学医学院附属第九人民医院祝桥院区	在建
20	上海长征医院浦东新院	在建
21	复旦大学附属眼耳鼻喉科医院浦江院区二期工程	新开工
22	上海市中医医院嘉定院区	建成
23	岳阳医院门诊综合楼改扩建工程	建成
24	龙华医院浦东分院	建成
25	上海养志康复医院	在建
26	上海市医疗器械检验研究院整体迁建	在建
（三）	文化体育（1 项）	
27	文化软实力支撑提升项目（上海大歌剧院、上海越剧演艺传习中心、上海马戏城中剧场）	在建

资料来源：上海市发展和改革委员会

——聚焦生态文明，推进生态环境项目建设。着力推动绿色低碳转型，高水平建设人与自然和谐共生的现代化。打好污染防治攻坚战，加快苏州河环境综合整治。全面推进"无废城市"和废旧物资循环利用体系示范城市建设。持续推进"一江一河一带"建设，加快建设环城生态公园带，营造宜业宜居宜乐宜游的良好环境。2023年，将推动竹园污水处理厂四期、白龙港污水处理调蓄工程、淀山湖生态环境整治、苏州河环境综合整治四期工程、上海生物能源再利用项目三期、世博文化公园等重大项目建设。

表3 2023年上海市重大建设项目（生态文明类）

序号	项目名称	备注
1	竹园污水处理厂四期（竹园第一、第二污水处理厂提标改造，四期污水厂工程）	建成
2	污水南干线改造工程	建成
3	竹园—白龙港污水连通管工程	建成
4	淀山湖生态环境整治	在建
5	泵站初期雨水调蓄工程项目（新延安东、北翟路车辆段、临汾、新蒲汇塘、西北物流、岚皋南、桃浦新村、虹南、龙阳等）	在建
6	白龙港污水处理厂扩建三期工程	在建
7	白龙港污水处理调蓄工程（南线、厂内）	新开工
8	泰和污水处理厂扩建工程	在建
9	合流污水一期干线复线工程	在建
10	苏州河环境综合整治四期工程（苏州河深层排水调蓄管道工程试验段，桃浦、曲阳等初期雨水调蓄工程）	在建
11	世博文化公园	在建
12	重点绿化项目（闵行前湾公园一期、宝山逸仙公园、普陀金光绿地等）	在建
13	三林楔形绿地	在建
14	上海植物园北区改扩建工程	在建
15	上海市固体废物处置中心项目二期	在建
16	上海生物能源再利用项目三期	在建
17	黄浦江、苏州河两岸地区公共空间建设（黄浦外萃丰弄新建绿化、杨浦共青森林公园段环境整治等）	在建

资料来源：上海市发展和改革委员会。

——聚焦全球城市，推进重大基础设施建设。着力提高能源保供能力，全面提速重大能源项目建设。落实碳达峰碳中和目标任务，积极发展新能源。提升对外交通服务能级，围绕长三角一体化，加大省际交通设施的互联互通。推进国际航运中心能级提升，全力打造新时代国际开放门户枢纽新标杆。完善一体化综合交通体系，提升市域交通通达性，开展中心城区道路快速化改造、快速通道建设，以及郊区快速线建设。优化轨道交通体系格局，根据城际线、市区线、局域线"三个1000公里"部署，加大市域铁路建设力度。筑牢供水设施屏障，加大原水工程建设，推进水厂深度处理；加密排水设施网络，提升流域行洪、除涝、航运交通能力，改善区域河网水动力条件。2023年，将推动上海LNG站线扩建、小洋山北侧开发、罗泾港区改造一期、浦东综合交通枢纽、沪苏湖铁路上海段、沪渝蓉高铁上海段、市域线上海示范区线、机场联络线、北横通道东段、轨道交通崇明线、外环东段改造、重点河道和泵闸工程等重大项目。

表4 2023年上海市重大建设项目（基础设施类）

序号	项目名称	备注
（一）	能源保障（5项）	
1	上海LNG站线扩建项目	在建
2	上海油气主干管网工程（崇明—五号沟天然气管道、沪苏天然气联络线、上海石化—闵行油库成品油管道、奉新门站及天然气出站管道工程）	建成
3	华能石洞口第一电厂2×65万千瓦等容量煤电替代项目	建成
4	500千伏输变电工程（上海远东—亭卫、崇明输变电等）	在建
5	220千伏输变电工程（南汇、松江、胜辛输变电等）	在建
（二）	对外交通（20项）	
6	浦东国际机场三期扩建工程	在建
7	浦东综合交通枢纽（浦东机场四期扩建、上海东站综合交通枢纽、浦东机场东航基地等）	在建
8	虹桥商务区东片区综合改造市政配套二期	在建
9	虹桥商务区交通配套工程（71路西延伸、申长路—金园一路、金运路—申昆路、迎宾三路地道等）	在建
10	沪通铁路（太仓—四团）上海段	在建
11	沪苏湖铁路上海段	在建
12	沪杭客专上海南联络线	在建
13	沪渝蓉高铁上海段	在建
14	G15公路嘉浏段扩建工程	建成
15	G15公路嘉金段改建工程	新开工
16	G320公路（上海浙江省界—北松公路）	在建
17	G228公路（上海浙江省界—南芦公路）	在建
18	G318沪青平公路改建工程	在建
19	S16蕰川高速新建工程	新开工
20	省界断头路项目（外青松公路、金商南延—嘉善大道等）	在建
21	上海国际航运中心洋山深水港区小洋山北作业区集装箱码头及配套工程	在建
22	上海港罗泾港区集装箱码头改造一期工程	新开工
23	油墩港航道整治工程	在建
24	大芦线东延伸	在建

（续表）

序号	项目名称	备注
25	吴淞江工程（省界—油墩港航道工程、新川沙河段、苏州河西闸）	在建
（三）	**轨道交通（14项）**	
26	市域线机场联络线	在建
27	市域线嘉闵线	在建
28	市域线上海示范区线	在建
29	南汇支线（两港市域铁路）	在建
30	轨道交通崇明线（金吉路站—裕安站）	在建
31	轨道交通2号线西延伸（徐泾东站—蟠祥路站）	在建
32	轨道交通12号线西延伸（七莘路站—洞泾站）	在建
33	轨道交通13号线（金运路站—诸光路站，张江路站—丹桂路站）	在建
34	轨道交通17号线西延伸（东方绿舟站—西岑站）	在建
35	轨道交通18号线二期（长江南路站—大康路站）	在建
36	轨道交通20号线一期工程西段（金昌路站—上海马戏城站）	在建
37	轨道交通21号线一期（东靖路站—六陈路站）	在建
38	轨道交通23号线一期（上海体育场站—闵行开发区站）	在建
39	轨道交通大修更新改造项目（轨道交通3/4号线改造等）	在建
（四）	**市域交通（16项）**	
40	北横通道新建工程	在建
41	漕宝路快速路新建工程	在建
42	军工路快速化改造工程	在建
43	外环东段（华夏中路—龙东大道）改建工程	新开工
44	浦业路新建工程	在建
45	杨高路改建工程	建成
46	交通路—金昌路新建改建工程	建成
47	银都路越江隧道	在建
48	龙水南路越江隧道	在建
49	隆昌路越江隧道	在建
50	浦星公路（南行港路—人民塘路）改建工程	在建
51	G1503公路贯通工程（宝山段、浦东段）	在建
52	S4公路（奉浦东桥和接线工程）	在建
53	S3公路（周邓公路—G1503两港大道立交）	在建
54	市属重点道路节点改造项目（S4公路闵行段抬升、沪嘉高速—嘉闵高架联络线等）	在建

（续表）

序号	项目名称	备注
55	区区对接道路（金玉东路、申北四路、新松江路、玉阳大道于塘路、百安公路、春浓路等）	在建
（五）	**城市安全（7项）**	
56	重点河道和泵闸工程（浦南东片南排骨干河道整治、青浦蓝色珠链水环境综合整治、嘉定鸡鸣塘、崇明界河、崇明四滧港、崇明奚家港、崇明三沙洪等）	在建
57	排水系统改造工程（虹口大名、虹口临平、黄浦中央商务区等）	在建
58	长江水源水厂深度处理（杨树浦、长桥等）	在建
59	浦东新区"一横一纵"骨干河道建设工程（北横河、外环运河）	在建
60	临港新片区水务工程（冬涟河、人民塘随塘河、渤马河4段临港污水厂三期一阶段等）	在建
61	公共消防站建设（中新泾、川南、头桥、友谊、庙行、龙华机场、鲁汇、金都、重固、岱山、石泉、嘉戬、洞泾、山阳、万荣、古北、芦三、科创、王港等）	在建
62	架空线入地和杆箱整治工程	在建

资料来源：上海市发展和改革委员会

展望二：对全市固定资产投资空间布局重点的判断

——**推动战略承载区高品质建设**。全力推进浦东引领区建设。聚焦"两特四区一中心一样板一保障"，聚力推进重大工程建设。实施自贸试验区及临港新片区建设行动方案，推动更多优质项目向特色产业园集聚，着力稳增长、调结构，进一步提升发展速度创新强度。深入推进张江综合性国家科学中心建设，加快培育一批国家实验室上海基地，配合推进全国重点实验室重组，大力发展新型研发机构，完善科研基地平台体系，开工建设磁惯性预研项目等国家重大科技基础设施。深化虹桥国际开放枢纽战略内涵功能定位，加强流量价值挖掘创造，推动总部经济能级提升，深化贸易功能内涵拓展，强化城市更新和基础设施支撑。全面完成长三角一体化发展第二轮三年行动计划，率先开展区域市场一体化建设，推进上海大都市圈建设，高水平共建G60科创走廊、沿沪宁产业创新带和环太湖、淀山湖、杭州湾等战略协同区。高水平开发建设"一江一河"，进一步丰富黄浦江、苏州河两岸的公共空间、文体旅产品和人文景观，加快打造世界级滨水空间。

——**推动"五个新城"高质量发展**。持续导入高能级、高水平项目资源，加快建设新城中心、产业社区、老城社区等示范样板区，推动企业总部、研发创新、要素平台、公共服务等功能加快向新城集聚，提升已导入的功能性机构能级。打响"一城一名园"品牌，加快建设嘉定国际汽车智慧城、青浦长三角数字干线、松江长三角G60科创走廊、奉贤东方美谷、南汇数联智造，鼓励更多科技企业落户新城，打造新城特色优势产业集群。推进"一城一枢纽"规划建设，加快建设轨道交通12号线西延伸、嘉闵线、南汇支线等重大交通项目，完善新城内部综合交通系统。加快打造"一城一中心"，在教育、文化、体育、旅游、保障性住房等领域集中布局一批优质资源和公共服务设施，打造高品质生活示范地。推动实施"一城一绿环"，全面启动绿环主脉贯通道和重要节点建设，加快构建新城蓝绿交织、城绿相依的"大生态"格局。

——**加快南北转型发展**。统筹推进产业转型、空间转型和治理转型，打造传统产业转型升级重要承载区，建设内通外联的交通网络，推动公共服务补短板、提品质。推进宝山深化与宝武战略合作，大力培育新材料、生物医药、绿色低碳等新兴产业集群，建设吴淞、南大、环上大等重点转型地区，加快构筑上海科创中心主阵地，提升产城融合、服务完备的城市功能。推动金山加快建设打响"上海制造"品牌的重要承载区，发展壮大新材料、智能装备、生命健康、信息技术等产业，培育壮大生物医药、新型显示、无人机、碳纤维复合材料等一批特色新兴优势产业，推动滨海地区、上海湾区高新区、碳谷绿湾等重点转型区域发展。

——**聚力实施乡村振兴战略**。坚持城乡发展一体化，推动城乡全面融合、共同繁荣。统筹推进高标准农田新增建设和改造提升，强化农业科技和装备支撑，加快建设育种基地和畜禽种业基地。加快横沙新洲现代农业产业园建设，推动域外农场高质量发展。推进农业与现代服务业深度融合，培育一批休闲农业和乡村旅游精品路线，集聚发展重点乡村旅游村、星级民宿。加快实施乡村建设行动，抓好乡村振兴示范村和美丽乡村示范村建设。深入实施农村人居环境优化工程，打造"美丽庭院"。持续平稳推进农民相对集中居住，试点建设高品质农民平移集中居住区。

表5 2023年上海市重大建设项目（城乡融合与乡村振兴类）

序号	项目名称	备注
1	保障房和租赁房建设	在建
2	大型居住社区外围市政配套项目	在建
3	郊区污水处理污泥处置工程（西岑、堡镇、新河污水处理，嘉定污泥处理处置）	在建
4	郊区垃圾资源化利用项目（浦东、闵行、崇明、奉贤、嘉定、松江、青浦等湿垃圾集中处理设施）	在建
5	崇明世界级生态岛建设（环岛景观道二期、反帝圩泵闸、污水厂提标扩建、江韵路等）	在建
6	嘉松公路越江新建工程	在建
7	沪南公路（G1503—康花路）改建工程	在建
8	大叶公路—叶新公路	在建

资料来源：上海市发展和改革委员会

展望三：对全市涉外固定资产投资热点的判断

总体看，2023年上海发展的战略机遇和风险挑战并存，外部环境动荡不安，世界经济滞胀风险加大。党的二十大胜利召开有力提振了社会预期和发展信心，我国经济较快回升，需求扩大、供给恢复、预期改善。上海经济回稳向好态势正不断巩固，核心功能强、经济韧性足、发展潜力大、市场活力好，重大国家战略红利和多轮稳增长政策叠加效应持续释放，新产业新赛道加快形成经济新增长点。

作为上海企业对外投资的重要窗口、"一带一路"桥头堡建设的制度创新载体，上海自贸区在"走出去"战略中发挥着越来越重要的作用。2023年，推动实施自贸试验区及临港新片区建设行动方案，实行更大程度的开放压力测试，深化跨境贸易投资高水平开放外汇管理改革试点，全面落实加快建设滨海城市的23条市级专项支持政策，推动更多优质项目向动力之源、国际氢能谷等特色产业园集聚。

进博会作为众多全球新品的首发地、前沿技术的首选地、创新服务的首推地，已经成为中国构建新发展格局的窗口、推动高水平对外开放和全球共享的重要平台。2023年上海将继续办好第六届进口博览会，扎实做好城市服务保障工作，持续放大进博会溢出效应，提升虹桥国际经济论坛影响力，把人流、物流、商流的价值转化为经济价值和创新价值。

长三角一体化是上海承载的又一重大国家战略，是对外开放、联通国际、促进协调发展的最高境界和最终目标，强调"不分你我"，实现资源要素的无障碍自由流动和地区间的全方位开放合作。2023年长三角示范区将继续深化拓展一体化制度创新，放大示范区"不破行政隶属，打破行政边界"的试验田效应。随着示范区国土空间总体规划的获批，聚焦"一厅三片"和四个重点领域，一批高显示度的标志性项目将加速进入实施阶段，示范区建设全面启动。

虹桥国际开放枢纽是推动长三角一体化发展的重大战略部署，是提升我国对外开放水平、增强国际竞争合作新优势的重要载体。2023年上海要发挥出比较优势，与苏浙皖通力合作，推动虹桥国际开放枢纽建设不断走深走实，助力区域科技协同创新、产业协同合作。高水平推动虹桥国际中央商务区建设，打造国际开放枢纽核心，把流量入口优势更好转化为发展胜势，推动商务区能级和品质提升。

（吕海燕、周明、王凡、王吟之、吴晖）

02
专题报告

当前上海市投资拉动政策研究

当前外部环境复杂多变，经济循环面临多重堵点，重大风险隐患不容忽视，极大地增加了宏观经济下行的风险。投资作为拉动经济的三驾马车之一，带动性强、关联度高，对于稳定经济运行和激发内生动力、促进转型升级都具有重要意义。为进一步实现投资拉动政策提质增效、更可持续，上咨集团对当前上海投资拉动政策开展了研究。

一、当前投资拉动政策

（一）国家层面：财政兜底，筑牢投资"压舱石"

2022年5月，国务院印发《扎实稳住经济的一揽子政策措施》，旨在从财政、货币、投资方面注入确定性和分担风险，彰显了财政应急兜底的作用，为稳定经济运行提供了良好支撑。

地方政府专项债提速扩面：明确节奏、扩大范围、强化配套。明确要求抓紧完成2022年专项债券发行使用任务，加快新增专项债券发行使用进度，在前期确定的交通基础设施、能源、保障性安居工程等9大领域基础上，适当扩大专项债券支持领域，优先考虑将新型基础设施、新能源项目等纳入支持范围。同时提出加大力度对专项债券项目建设主体提供配套融资支持，做好信贷资金和专项债资金的有效衔接。2022年，全国发行新增地方政府债券4.75万亿元，对做好政府投资、促进经济稳定运行发挥积极作用。

开发性金融工具增额投放：增加额度、打好配合、疏通堵点。2022年6月国务院常务会议确定政策性开发性金融工具支持重大项目建设的举措，发行金融债券等筹资3 000亿元，用于补充包括新型基础设施在内的重大项目资本金或为专项债项目资本金搭桥。8月再增加3 000亿元以上额度，更好发挥引导作用，疏通货币政策传导机制，实现扩大有效投资的效应。2022年分两期投放政策性开发性金融工具7 400亿元，支持项目2 700多个，为重大项目建设补充资本金。

（二）上海层面：多点发力，打好促投"组合拳"

上海陆续出台《2022年上海市扩大有效投资稳定经济发展的若干政策措施》《全力抗疫情助企业促发展的若干政策措施》《上海市加快经济恢复和重振行动方案》《上海市助行业强主体稳增长的若干政策措施》《上海市提信心扩需求稳增长促发展行动方案》等各项政策，围绕"强服务""广覆盖""优环境"打出扩大有效投资的政策组合拳。此外，2022年上海全球投资促进大会上，启动"潮涌浦江"投资上海全球分享季活动；2023 年上海全球投资促进大会上，发布新一轮 24 条投资政策，稳定经济大盘、提振信心。

推进重大项目建设。 持续建立健全市区协同机制、专班协调机制、政策保障机制，通过一系列简审批、优服务、强监管的政策改革措施全力推进重大项目建设。2023 年上海市计划安排重大工程正式项目 191 项，其中新开工 15 项，建成 26 项，另安排预备项目 48 项，全年计划投资额 2 150 亿元以上，通过市重大工程建设支撑和带动全社会固定资产投资的发展，促进投资结构进一步优化。

强化资金要素保障。 从资源要素、资金要素等领域加强投资项目保障。扩大有效投资"24 条"强化项目资金要素保障，明确加强政府财力资金保障。经济恢复重振"50 条"中提出加强资源性指标跨年度平衡，适当扩大地方政府专项债支持领域，进一步发挥基础设施不动产投资信托基金（REITs）作用等。稳增长"22 条"强调依法用好专项债结存限额，加快地方政府专项债券发行和使用进度，支持扩大企业债券发行规模，推动存量基础设施项目 REITs 常态化发行等。

激发社会投资动能。 提出建立推进有效投资重要项目协调机制，精简项目审批流程，鼓励社会资本积极参与投资项目。新型基础设施建设方面，提出持续发挥 1 000 亿元以上"新基建"优惠利率信贷专项作用，引导社会资本加大投入。新兴产业能级提升方面，强调利用技改专项资金、创业投资引导基金、信贷优惠政策、贷款贴息政策引导撬动作用，推进集成电路、生物医药、人工智能等先进制造业，以及新能源、房地产等经济发动机高质量发展。

二、本市投资拉动主要问题

（一）投资形势依然严峻

经济运行冲击明显。 面对复杂严峻的国内外形势和诸多风险挑战，上海统筹疫情防控和经济社会发展，"十四五"实现良好开局。但在 2022 年上半年疫情反复的影响下，上海经济增长水平受到一定打击，2022 年全市地区生产总值 44 652.80 亿元，比去年同期下降 0.2%，固定资产投资比上年同期下降 1.0%。

投资效率亟需提升。 "房住不炒"的政策思路下土地财政受到挑战，传统的"房地产、土地财政、银行"TFP 三角关系需向"科技、制造、资本市场"TFP 新三角关系转换，但目前新三角未能及时构建和有效运行，叠加全球复杂形势使项目投资受到影响。2022 年上海重大工程投资计划完成 2 076 亿元，同比增长 6%，增长率与 2021 年相比下降 8.6 个百分点。

市场信心有待提振。 一是三大先导产业有"断链"风险。2022 年三大先导产业表现出较强韧性，但外部环境影响下产业链仍有断裂风险，尤其是集成电路诸多关键设备材料仍依赖欧美日等少数供应商，生物医药高性能诊疗设备还未建立自身优势，人工智能核心技术积累尚不足以主导产业链发展等。二是外贸企业面临经营压力。当前外贸企业存在生产经营受阻、物流运输不畅等阶段性问题，同时原材料成本上涨、跨境海运不畅、供应链瓶颈等问题尚未根本缓解。三是中小企业投资预算缩减。中小企业面临经营冲击、生存冲击、心态冲击、人才冲击等多重困难，投资信心总体受挫，其中部分专精特新中小企业表示在投项目进程受阻，拿地建厂计划调整，研发投入预算缩减。

（二）重点领域面临瓶颈

基建投资遇瓶颈：需打破信息孤岛，拓宽资金来源，规避投资风险。基建投资是扩大有效投资的重要抓手，上海传统基建项目在投资方面基本饱和，需要新经济增长点，但当前新基建发展面临挑战。一方面，行业数据存在"数据碎片化""数据孤岛"现象，数据资源融合共享的顶层设计还需强化。另一方面，市场主体投资积极性还需充分激发，政府性基金收入、地方政府专项债等仍重点支持传统基建，且受融资额度、规范要求与时间进度等影响，尚难以实质性解决资金瓶颈。此外创新、技术、跨领域等多重风险也制约了建设步伐。

房产投资待协调：需打破零和博弈，加强顶层设计，增强政策协调性。当前房地产既面临宏观经济"换档期"压力，又经历发展模式"探索期"阵痛，虽多项房地产政策的出台取得一定成效，但还需要重视政策协调性。首先，房地产市场涉及公共部门、市场主体、专业机构、居民群众等多种主体，可能存在利益对立，政策应重点考虑整个房地产市场的平稳健康发展。另外，部分房地产政策的制定和实施可能是为了满足特定部门、职责和利益，不一定利于市场总体运行，需注重加强房地产发展政策的顶层设计。

项目落地周期长：需做好规划衔接，统筹增量用地和存量用地。一方面，新增重大项目选址地块通常涉及规划调整、控规调整、动拆迁、权益补偿、要素平衡等多个环节，往往导致在实际操作中新增用地供应周期较长，如可能遇到多个专业规划相互冲突的情况，需要长时间规划调整，影响项目进度。另一方面，随着上海建设用地进入减量化阶段，存量工业用地逐渐成为工业用地供应重要来源，但目前存量工业用地受用地面积、盘活机制等因素制约，转型周期长，价格优势不明显，尚未对重大项目形成有效支撑。

（三）重点企业信心不足

经营业绩普遍承压，投资计划延期。疫情期间，企业受到物流停滞、供应链受阻、原材料价格大幅上涨等多重因素的叠加冲击，投资计划延期，如上汽集团目前产销结构的改善和产品毛利率的恢复仍有滞后，而且市场开发及品牌推广活动的推迟导致销售费用增加，经营业绩明显承压，影响投资。此外疫情倒逼产业转型升级，出现了许多新业态新模式，传统业态受到冲击，导致投资受挫，如百联集团受到因疫情导致到店客流下降、线上电商平台分流压力、行业竞争加剧等风险。

风险抵御能力较弱，投资意愿不足。中小企业尤其是专精特新中小企业具有高成长性和强带动性，对产业链和供应链稳定发挥了重要作用；但由于自身规模小，抵御风险能力较弱，投资成本与收益不符，缺少资本支持，企业投资受到制约。而且受全球形势影响，部分高端装备、核心零部件、关键原材料等引进困难，中小企业一定程度面临生存困境，投资意愿不足。外贸企业受疫情影响也出现生产经营受阻、物流运输不畅等阶段性问题，仍面临较大经营压力，发展信心受挫。

三、本市投资拉动政策建议

（一）超前谋划，加快重点领域建设

超前做好重大项目储备工作。坚持"谋早、谋深、做细、做实"，把握政策导向和产业链，深入研究各类规划，加快完善项目储备库，提升项目储备工作质效，科学策划重大项目储备项目。围绕"有支撑、能落地、见效益"，加强前期工作精细管理，对列入"十四五"相关发展规划、专项规划和区域规划范围的政府投资项目，提前落实土地、资金、能耗等建设条件，把储备工作做实、把项目做成熟。

适度超前布局基础设施投资。围绕长三角世界港口群、工业互联网集群建设等适度超前开展基础设施投资布局。提前启动已纳入国家、上海市"十四五"发展规划和专项规划的重大项目前期工作。围绕政府专项债券支持投向、中央预算内投资支持领域、中央特别国债支持领域，抓紧谋划一批可申报、可争取、可开工的重大项目，并向国家积极争取项目倾斜、额度增加、支持加码。构建有力的体制机制，加强统筹规划、系统协调，避免"数据孤岛"，高效快速推进新基建的重中之重。鼓励市场和社会投资，激发各类主体投资建设、技术创新的积极性。

推动房地产投资结构持续优化。适应租购并举、房价地价联动等要求，加快发展长租房市场，推进保障性住房建设，支持商品房市场更好满足购房者合理需求。考虑保障性住房收益周期长、收益缓慢的特点，强化政府资金投入和资金核算。一是通过设立专项资金和严格预算来保证保障性住房方面的财政支出；二是予以保障性住房建设一定的税收等优惠政策，对开发商形成吸引效应；三是通过建立和完善财政资金的考核体系，保证投入资金的合理利用，规避财政的浪费。

加快先进制造业重大项目落地。鼓励引导产业投资基金投向先进制造业领域的重点项目、重点企业，引导银行等金融机构持续加大对先进制造业企业中长期信贷支持力度，为先进制造业技术成果转化提供更多金融产品和服务，进一步拓宽先进制造业企业的融资渠道。发放面向制造业的"先进制造券"，吸引新增先进制造业总部和研发基地落户，扶持传统制造业积极转型，平稳推进落后产能淘汰转移。

（二）优化保障，确保项目要素供给

优化用地保障。畅通项目土地供应渠道，提升土地市场交易热度，通过搭配供应、合理定价、优质项目匹配等方式激发国企民企投资积极性，提高年度土地集中供地出让计划的土地成

交率。探索允许分期缴纳土地出让价款，顺延用地手续有效期。对存量更新项目，探索通过减免、分期、缓交等减轻项目所涉土地增值税、契税、企业所得税等相关税费的一次性缴纳压力。

强化资金保障。加快新增政府专项债券发行和使用，并就本年度政府专项债资金使用期限，考虑疫情导致项目前期搁置、建设停工等因素，向国家争取本年度政府专项债资金期限顺延。以政府基金撬动社会资本，采用政府奖补、贴息、劣后投资等方式鼓励引导社会资本成立基金，激发社会投资动能。

（三）优化服务，加快投资审批效率

压缩投资审批时限。助力企业投资项目早日投产达效。落实"万人助万企"，建立重点企业扩大有效投资专员服务机制，实行专人跟踪服务。深入推进专精特新企业投资项目备案制改革试点，采取综合审批模式，实行立项、用地、规划、施工、竣工验收等各审批阶段"一表申请、一口受理、一网通办、限时完成、一次发证"，积极采取容缺后补等方式，探索试行审批时限减半，助力早开工、早投产、早见效。

组建招商引资专班。建议立足项目洽谈、跟踪服务、手续办理、落地开工、政策支持、媒体发布等全生命周期、全流程服务机制，组建全市招商引资服务专班，分区域、分主题、分类型持续开展线上线下招商路演对接活动，为有招商需求和投资需求的企业和机构搭建信息平台和服务。

（四）加大投入，激发企业投资活力

强化专项资金支持。激发企业创新研发投入活力动力。市区合力加大对专精特新企业财政资金的支持范围和力度，优化中小企业发展等各类专项资金的发放形式，将专项资金补助形式从后补助调整为"立项即补＋事后补助"相结合，加快各类专项资金的拨付和执行进度，做到早分配、早使用、早见效；结合企业投资进程，探索使用投资券。

做好投资风险保障。建立中小企业梯度培育、分类支持、企业反哺的专项资金运用方式，实现资金循环可持续利用。支持符合条件的重点企业上市融资，为其申请新三板、科创板挂牌开辟绿色通道。支持保险机构创新企业投资风险保险产品，探索推出"专精特新"专项保险产品，市区政府提供保费补贴或投资失败补偿金，缓解对冲企业投资风险，进一步增强企业投资决心。

（周明、王艳茹）

上海市重大工程涉及资源性指标统筹使用机制研究

资源性指标的统筹调配是影响重大工程建设进度的重要因素，部分市级政府投资重大工程受制于关键资源性指标配置脱节，存在开工建设难、建设周期长的问题。通过建立健全资源性指标统筹使用新机制，加强对资源性指标的储备、生成、调配、使用和事后补偿等计划管理，使资源性指标在项目前期得到落实，能有效提高政府投资项目决策的科学化水平，确保市重大工程快速审批和有序建设。为进一步推动政府职能转变，提高政府对市级政府投资项目资源性指标配置效率和政府投资效益，上咨集团开展"关于建立市重大工程涉及资源性指标统筹使用工作机制"研究。

一、基本情况

市级政府投资重大工程资源性指标统筹是指市级重大工程建设过程中涉及的新增建设用地（地）、征收安置房源（房）、水系占补平衡（水）、绿地占补平衡（绿）、林地占补平衡（林）、渣土消纳需求（土）等六项资源性指标的统筹使用。实施"六票统筹"意义重大，可以规范资源的使用，推动重大工程尽快落地实施，对提高项目建设效率、节省财政建设资金、推进营商环境改善和守护好城市绿水青山有重要意义。

随着投资管理体制改革不断深化，市重大工程从项目建议书批复到取得施工许可证的时间，从"十二五"时期的5—10年普遍压缩至3年之内，投资管理体制改革进入"啃硬骨头"的阶段。在推进重大工程建设过程中，资源性指标占补平衡已成为影响项目快速合法开工的重要问题，需持续完善资源性指标统筹管理机制，推动重大工程快速合法开工。

二、重大工程资源性指标管理存在的问题

（一）"多规合一"有待推进

不同行业主管部门的基础数据存在差异，"多规合一"尚需推进，导致出现规划与现状不一致的情况。规划河道蓝线落在已建成绿地里、河道蓝线范围内有基本农田、补偿林地无法落在耕地范围、规划城市建设区内无法补偿建林等情况时有发生，导致项目专项规划阶段无法覆盖指标统筹的问题，为后续指标统筹留下隐患。

（二）部分"票据"指标倒挂

实行"票仓"管理，要有进有出，形成稳定的"票据流"。由于相应机制未健全，导致部分项目指标盈余，而部分项目指标不足；部分区域指标较多，而部分区域指标紧张，甚至出现指标闲置被清零的现象。同时由于上海空间资源的稀缺性，部分"票据"指标倒挂，存在历史欠账，导致出现"蓄水池""无水"的现象，无法形成稳定的"票据流"。

（三）"多票"相互制约依存

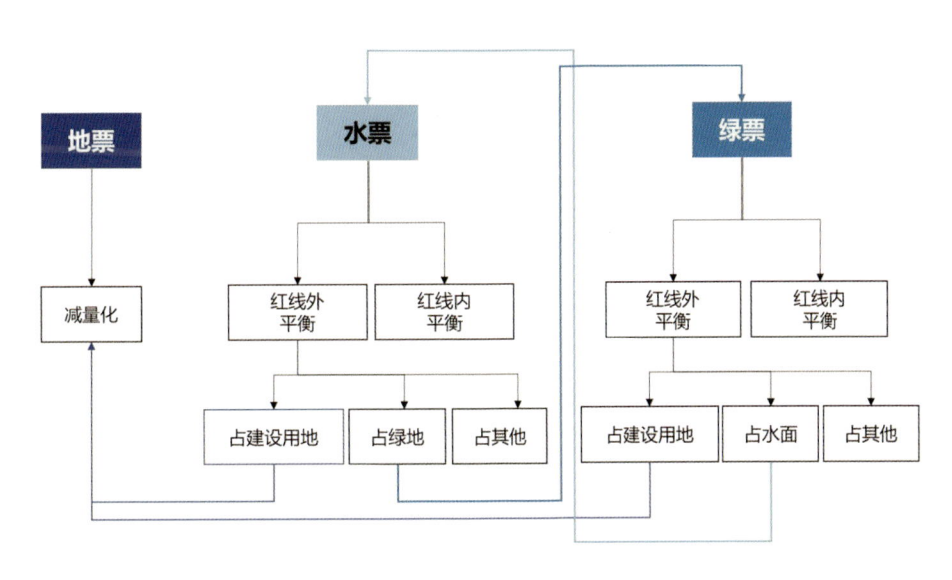

重大工程方案复杂，同一工程中往往涉及多项资源性指标，需要各项资源性指标全部落实后才可推进，然而各"票"平衡机制完善程度不一，导致批复进度不一。此外，重大工程占用资源性指标如果需要红线外平衡，可能再一次涉及指标占用和补偿情况，以此循环往复，形成迭代效应，导致初次上报的指标需求无法满足最终实际补偿需要。

图1 "六票"指标需求循环迭代

（四）统筹机制有待健全

随着"放管服"改革的推进，大量市级审批管理权限下放到区级，同时土地成本日益升高，市级部门的工程补贴款在总投资中占比日益下降，市级部门对区级的统筹调动能力受到限制。而市级重大工程理论上需要由市级部门协调推进，权责界限模糊下影响协调推进效果。此外，区级政府对于市级重大项目资金、指标，尤其是异地补偿单方面寄希望于市级支持。

三、重大工程资源性指标统筹配置的对策建议

积极应对空间资源不足的常态化问题，不断转变政府职能，推进资源性指标的精细化、制

度化、系统化、科学化管理，通过"**项目单位优化方案、行业部门管理票仓、综合部门统筹协调、区级政府负责落实**"，建立健全资源性指标统筹配置新机制，促进资源性指标供应与需求精准对接，实现重大工程高效推进。

图 2　重大工程资源性指标统筹机制框架

（一）精打细算，主动"节票"：加强前期方案论证

强化节约用票宣教。 强化节约用票的理念宣教，将项目自身节约用票作为"六票"统筹的最重要途径，充分沟通市级政府投资重大工程相关主管部门、建设单位、设计单位，引导其在前期规划设计阶段，树立节约用票的意识。

增加节票相关论证。 针对市级政府投资重大工程占用资源性指标的情况，在项目建议书、可行性研究等各个阶段，项目主管部门及建设单位应梳理占用资源性指标情况，研究占补平衡方案，以征求意见的形式，主动对接相关行业主管部门，开展节票论证。项目建议书、可行性研究审批部门应将节票论证意见作为评审的前置条件。

（二）广开源路，积极"储票"：建立健全两库六仓

构建"两库六仓"的制度框架。 建立包含"两库"（储备库、实施库）"六仓"（土地指标仓、安置房指标仓、水面积指标仓、绿地指标仓、林地指标仓、渣土指标仓）的重大工程资源性指标统筹机制。指标仓分市区两级，分别由市区规划资源、房管、水务、绿化市容等行业部门管理。

土地指标	安置房指标	水面积指标	绿地指标	林地指标	渣土指标
市级仓	市级仓	市级仓	市级仓	市级仓	市级仓
区级仓	区级仓	区级仓	区级仓	区级仓	区级仓

图 3 项目各阶段"六票"需求对接

积极推动票源形成。一要积极实施指标形成项目。 加快贯彻落实土地减量化、安置房建设、河道整治、绿化造林等专项规划和行动计划，实施指标形成项目，推动"票源"形成，将重大工程涉及的资源性指标嵌入各行业部门年度项目计划。**二要建立指标台账。** 对于新增的各类指标，要有专门的认定机构，逐步形成系统完善的认定方法和机制，实现相对精准的票仓管理，如"水票"方面，研究并明确各类新增水面的折算系数，"林票"方面，积极推进林地确权工作。

划分市区两级指标权限。 按照"谁投资、谁受益"的原则，市级投资建设的水、绿、林项目，按市区投资分工抽取一定比例纳入市级指标仓；市级投资建设的非水、绿、林项目，存在资源性指标盈余的，同比例纳入市级指标仓；社会投资的非水、绿、林项目，存在资源性指标盈余的，市区按 1∶1 划分指标权限。

（三）未雨绸缪，精准"计票"：开展指标需求统筹

组建市级"六票统筹"领导小组，成员单位包括市重大办、市发展改革委、市规划资源局、市住房城乡建设管理委、市绿化市容局，开展"六票"需求的统筹工作，节省项目单位逐个部门串联审批、反复沟通的时间。具体操作建议如下：

供需匹配。 每年第三季度，领导小组组织建设单位上报"六票"需求，领导小组进行需求匹配后，形成指标供应计划。

计划调整。 次年年中，领导小组酌情对指标供应计划进行调整，减少指标闲置情况。调整工作流程参考前述需求匹配流程。

绩效评估。 次年第四季度，领导小组对指标供应计划实施绩效进行评估，关注未按计划使用资源性指标和指标"先借后补"落实情况，明确指标结转机制，并配套信用记录机制，为下一年度指标需求匹配工作提供参考依据。

建设单位向领导小组上报"六票"需求表	领导小组经联审后，形成"六票"最终需求	领导小组酌情对计划进行调整	领导小组对"六票"执行情况进行绩效评估
第三季度	第四季度	次年年中	次年第四季度

图 4 "六票"统筹工作流程

（四）优化流程，高效"出票"：减少流程办理时间

有"票"情况下突出"出票"速度。一要简化"出票"流程。在专项规划和储备库阶段进行深入的方案磨合和指标匹配后，在实施库阶段应尽可能简化流程，对于实施库阶段指标需求无大幅变动的，应尽量精简上报材料和手续。**二要提高政府服务质量。**参考浦东新区"五票"统筹相关办法和细则，明确各事项办理部门、流程、要求、承诺反馈或批复时限，市重大办按工程节点督察督办。**三要加大数字赋能力度。**不断推进重大工程管理的数字化转型，使资源性指标统筹工作与"一网通办"相衔接，使需求上报、指标申请、使用监督等工作更加公开透明、高效便捷。

无"票"情况下强化"补票"制度。对于计划外项目临时"借票"的情况，应明确刚性"补票"机制，按不低于占一还一的标准，根据不同行业部门指标管理规定，设定补偿的期限、面积、品质等要求，并配套严格的监督和惩罚措施，督促项目单位及时"补票"，形成有借有还的机制。

（五）统筹调配，及时"统票"：搭建指标管理平台

研究建立指标管理平台。预留进一步深化探索的路径，研究设立平台公司进行"六票"统筹的可行性，通过与行业主管部门扩大合作，系统整合水、绿、林等关键资源，建立行业主管部门牵头统筹的"六票"管理平台，归集现状资源、规划资源、项目储备资源、项目资源需求等数据，由统一的市级平台公司做好平台管理和维护，发挥指标展示和归集的功能，依托平台做好资源性指标统筹和供给，提高资源配置效率。

深化探索指标储备功能。进一步落实提前储票、精准计票工作，立足于供需关系、近期和远期关系两个维度统筹资源性指标储备、使用和管理运行，利用管理平台充分挖潜赋能、超前储备、储备新增指标。利用建设单位既有项目，通过"重大项目节约用票＋资源性指标平衡项目适度超前建设"的方式，实现指标储备，纳入资源性指标管理平台，建设单位对储备指标拥有优先调配权。

四、重大工程资源性指标统筹配置的保障措施

（一）建立系统，一屏总览

根据"六票"统筹相关原则和要求，由各行业部门各自建立"两库六仓"的信息管理系统。管理系统的规划底图应逐步与规资部门大机系统对接，做到"多规合一"；各管理系统与市工程建设项目审批管理系统衔接，共享部分查看权限，实现一网通办、一屏总览。

（二）系统调研，摸清底账

开展广泛调研，市重大办牵头系统梳理近三年重大工程资源性指标使用情况，各行业部门排摸各自领域近三年资源性指标形成情况、使用去向，作为"两库留仓"基础底账。在此基础上排摸下一年度资源性指标需求，试行指标匹配工作。

（三）循序渐进，动态完善

改革工作无法一蹴而就，应本着循序渐进的思路，先抓主要矛盾，出台试行政策，在实践中不断检验和完善。动态评估机制运行情况，适时总结经验问题，持续优化改进工作机制和流程，修订相关管理文件，不断提高资源性指标管理的精细化、系统化、科学化水平。

五、展望

（一）明确职责，分管市领导挂帅

资源性指标的统筹涉及多个管理部门，需加强组织领导，搭建指标统筹管理平台，由分管市领导亲自挂帅，并明确牵头部门、明确各指标主管部门具体职责，确保资源性指标平衡有序推进。

（二）市区合作，筛选试点先行探索

目前浦东、青浦、奉贤等区已出台资源性指标实施办法或工作意见，需要市区联合推动票仓建立和指标统筹，并鼓励各区开展创新探索，对有条件的区可以进一步研究支持筛选试点先行探索。

（三）优化机制，加快推进多规合一

资源性指标平衡与专项规划和国土空间规划紧密相关，规划衔接有问题会导致资源的浪费或项目的停滞，需进一步加强与规划部门的联系，研究管理体制机制优化建议，畅通规划衔接程序。

（四）持续跟踪，深化细化统筹机制

持续跟踪"六票统筹"管理办法以及各行业主管部门出台的试行办法实施情况，继续调研重大项目资源性指标统筹平衡需求，不断深化、细化机制优化研究。

（于淑敏、王艳茹）

上海市"五个新城"建设投融资热点研究

一、研究背景

"十四五"伊始,《上海市国民经济和社会发展第十四个五年规划和二〇三五年远景目标纲要》提出"中心辐射、两翼齐飞、新城发力、南北转型",对全市发展格局进行再审视、再调整、再优化,着眼长三角,放眼全世界,以实施长三角一体化发展国家战略为突破口,探索有利于促进构建新发展格局的有效路径。

为全力落实市委、市政府提出的"要把新城培育成为长三角城市群中具有辐射带动作用的综合性节点城市"要求,提高上海"五个新城"开发建设水平,为"新城发力"提供长期稳定可靠资金供给。本研究重点聚焦"五个新城"建设投融资问题,聚焦投融资热点领域,以系统性的投融资理论为基础,分析"五个新城"建设资金供求关系,提出可操作性的路径建议和任务举措,创新投融资模式、拓展投融资渠道和提升投融资效率,更好地服务上海市五个新城建设。

二、融资需求十分迫切

(一)"十四五"固定资产投入强度高

上海此轮谋划推进的五个新城包括青浦新城、松江新城、奉贤新城、嘉定新城和南汇新城(以下简称"五个新城"),旨在打造"上海未来发展最具活力的重要增长极和发动机""独立的综合性节点城市",成为"上海承担国家战略、服务国内循环、参与国际竞争的重要载体和令人向往的未来之城"。对标苏州工业区、南京江北新区、杭州钱江新城,五个新城计划在"十四五"的投入将达到"十三五"期间的2倍,预计在1 500亿—2 000亿元,超过了建设财力的增长速度。

(二)依靠政府融资或转移支付难以满足投资需求

截至2020年底,新城所在区的政府负债水平差异较大,青浦区债务率位居全市最低。"十四五"化解存量债务及隐性负债清理方面,青浦、松江可以轻装上阵,而嘉定奉贤前两年的压力较大。此外,各类转移支付也对各个新城带来支撑,"十三五"期间平均每个区获得的支持为60亿—100亿元/年,预计"十四五"增长空间有限。基于上述情况,"十四五"新城仅仅依靠政府融资或转移支付难以满足投资需求。

（三）"十四五"融资需求十分迫切

根据"五个新城"所在区的财力情况，除南汇新城所在的浦东新区，其他区 2020 年地方财政收入基本为 200 亿元左右，可用于支持新城建设的建设财力的一部分，其他渠道资金有限，举全区财力助力五个新城亦难以支撑。加之 2022 年上海本土疫情的影响，各区在固定资产投资方面同比均呈现下降趋势，虽目前各行业运行呈现回温状态，但当前下行压力依然较大，还需加大各项稳增长稳市场主体等政策措施力度，提振市场主体信心。因此，投融资瓶颈在开局阶段十分突出。

三、新城建设投融资模式

（一）产业发展创新"全要素资源统筹"融资

经与相关政府部门、金融机构和企业的深入研究，建议区属国企通过"全要素资源统筹"的产业发展贷款，整体解决现状建设用地转商办、研发等项目的招商运营，并带动公益性项目建设。充分利用公益性项目已经到位资金充实资本金、利用产业载体租售收入覆盖全部贷款。

此类直接融资全部剥离与土地出让金预算的联系，在近阶段具有可操作性。嘉定新城的智慧湾、青浦新城的中央商务区、松江新城的科技影都、奉贤新城的数字江海均可结合周边基础设施，采用这一模式。

表 1　新城样板示范段案例

项目情况	青浦新城	松江新城	奉贤新城	嘉定新城
示范样板区项目名称	青浦新城产城融合项目	松江新城南站枢纽项目	奉贤产城融合项目	嘉定新城远香湖中央活动区（一期）项目
项目范围	商办项目、道路工程、公园等项目	服务中心、广场、道路工程、涉铁配套工程等项目	配套道路、文化服务载体、景观配套、产业配套载体、商业办公载体、立体停车库、配套酒店等产业及文化载体项目	商业、研发载体、道路工程、小学、九年一贯制学校等公建配套
总投资	约 26 亿元	约 130 亿元	约 35 亿元	约 50 亿元
融资规模	约 15 亿元	约 104 亿元	约 22 亿元	约 40 亿元

（二）"两旧一村"项目积极引入社会资本

目前上海市中心城区二级旧改已基本完成。针对郊区旧改项目，2022 年 5 月底发布的《上海市加快经济恢复和重振行动方案》以及《关于加快推进我市旧区改造、旧住房成套改造和"城中村"改造工作的实施意见》明确指出："中心城区旧区改造政策扩大覆盖到五个新城等旧城区改建项目"。因此，对于五个新城的符合老旧小区改造和城市更新范畴的类似旧区改造项目，也可根据有关政策文件，积极争取市级政策向郊区复制。除旧改外，还可积极采用城中村改造，按上海市城中村改造有关政策积极争取引入社会资本，以社会资本为大股东推进项目。

嘉定新城西门街区、青浦新城老城厢等项目均可用这一模式。

（三）基础设施建设领域用好既有模式

污水、垃圾等基础设施，采用PPP（政府和社会资本合作）、特许经营模式，准公益性项目建立基于使用者付费补贴方式的成本补偿机制，解决资金缺口。

新城轨道站点开发，根据沪府办〔2020〕69号《上海市人民政府办公厅转发市发展改革委、市规划资源局〈关于加快实施本市轨道交通车辆基地及周边土地综合开发利用的意见〉的通知》，一线一策推TOD模式。

四、难点问题分析

（一）市场化融资要求高，区属国有公司难当重任

新城建设急需区属国企进行市场化融资，但区级层面很难有一家国企同时满足AA+资信、非平台、有运营招商能力、注册资金或经营性资产达到百亿级等条件，各个区需要整合国资资源，才能具备融资主体条件。

（二）限定土地出让总额，土地财政难以为继

根据对各区财力支出结构的分析，"十四五"期间各新城所在区可用于建设及收储资金基本与"十三五"期间每年用于新城的投入持平。在各个新城建设大幅度提高标准，而资金来源不增加，必须要依靠长周期的低成本融资才能解决缺口。

（三）新城需要"拆旧建新"，腾退难导致周转慢

新城建设进入存量低效用地再开发的阶段，如各区重点项目主要靠政府收储需要大量的前期资金。各区财力有限、收储资金不足，如被征收用地产权人拒绝协议征收，区镇两级征收部门缺乏有效手段，短期内无法整体腾退则形成资金沉淀，新城全面推进缺乏空间。

五、政策建议

（一）支持区属国企"全要素"统筹融资

开发主体安排区属骨干国企统筹实施，项目整体作为融合项目，为撬动财政资金杠杆，建议市级转移支付项目今后可作为区属国有企业项目增资，增强融资能力。建议市财政对于新城开发融资给予贴息等支持。

（二）鼓励土地捆绑公益性项目出让

从目前调整地方政府财政结构的大环境分析，在有效控制土地出让总价的前提下，经营性用地捆绑公共项目，控制土地出让价格，降低占用全区的出让数额。

（三）加强低效用地腾退政策引导

针对大多数新城希望加快低效工业用地腾退的政策或立法，建议抓住"碳达峰、碳中和"契机，对于工业园区原低效企业开展能源核查，对于单位产值/税收能源消耗明显高于园区平均水平的企业，控制能源供应，加速其腾退周期。

（四）争取专项债支持城市更新

充分利用地方政府专项债和企业债券进行融资。对于符合政策支持范围的项目进行整体安排，积极争取城市更新等领域的专项债发行，并按照管理办法，在特定领域将债券资金用作项目资本金，更好撬动中长期项目贷款。

（张彬、孙萍、杨蓓、丁章亮、张颖）

重大建设项目投资管控策略研究

当前，重大建设项目日益增多，给造价咨询提出了新的挑战和更多的机遇。本研究遵循习近平总书记对城市建设提出的高质量高标准高水平发展要求，从工程咨询的现状出发，分析了行业面临的挑战和主要问题，并以上咨造价参与的重大建设项目实践为案例，探索、研究以"数据驱动"为策略的新咨询业务。

一、行业现状

改革开放以来，随着中国经济的快速发展，造价咨询业务得到了长足发展，为国家现代化、城镇化和固定资产投资增效发挥了巨大作用，造价咨询人的专业价值和社会地位也得到了广泛认可。

随着《政府投资条例》的实施和"放管服"改革的深入，对造价咨询提出了更高的专业要求。同时，行业生态日益恶劣，内卷日趋严重。

（一）问题的提出

随着城市化发展，工程建设项目的复杂性对造价咨询提出了更高的专业要求，传统的、以计量核价为主要工作内容的造价咨询，已不能满足重大建设项目对投资管理的新要求。

从表1"某歌剧院结算超合同价之原因分析"中可以看出，此重大工程结算超合同价的主要原因：

◎ 67%的超支金额（约值5 820万元）系运营管理的需求未能及早传输给设计，以及设计管理不善等**主观因素**造成的；

◎ 33%系材料价格上涨、疫情影响等**客观因素**造成的。

而上述**两大主客观因素**，并不受现行造价咨询专业水平的控制。

表1 某歌剧院结算超合同价之原因分析

序号	原因	增加费用（万元）	占比（%）	说明
1	现场条件	277	3%	临近地铁调整工序、保护建筑
2	环保卫生	526	6%	增加空调水管清洗镀膜、杀菌除臭装置
3	声学要求	509	6%	调整消声器型号、增加防火板和风管阻尼毛毡面积及风管吊架
4	运营需求	806	9%	安全，使用方便
5	设计参数调整	1 102	13%	运营管理提出的要求
6	引入新型材料	67	1%	UHPC板，超高性能混凝土，1∶1超常规实验室破坏性试验
7	其他	2 287	26%	权属单位、图纸深化、按实结算
8	新增内容	1 011	12%	原招标图缺失、漏项等之补充图纸内容
9	外部环境	301	3%	G20峰会、旅游节、土方外运码头关闭
10	人材机价格调差	1 800	21%	
	超支合计	8 686	100%	67%系主观原因造成的费用超支

同时，我们通过类似工程对比可以发现，其单位功能面积指标（即 m^2/座位），也有进一步优化的潜力，即总建筑面积及对应的总投资可以压缩。

表2 歌剧院项目单位功能面积指标对比

项目名称	歌剧院A	歌剧院B	歌剧院C
座位数（座）	4 200	1 200	4 000
总建筑面积（m^2）	145 978	31 926	71 700
地下面积占比（%）	48%	53%	28%
单位功能指标（m^2/座）	35	27	18
和"歌剧院C"（m^2/座）比较	1.9	1.5	1.0
造价指标（万元/m^2）	2.57	2.31	2.28

而重大工程的建设规模，在工程项目的可研获批后，更不是现在造价咨询业务的管控内容。

（二）管理绩效

推而广之，从多个重大工程结算超合同价（乃至于超概算）的案例分析中，我们可以得到进一步的结论：影响投资管控绩效的影响因素，包括专业能力、协同能力、操盘能力、管理机制等四个方面。

表3 影响投资管控绩效的因素

专业能力	协同能力	操盘能力	管理机制
参与各方的专业管理（项目定位、设计、工程、招采代理、成本、工程监理、运营管理）能力（即木桶效应）	参与各方的整合、协同能力	项目负责人的统筹和项目管理能力	委托方管理成熟度（权责分工、目标导向、激励机制、规模效应）

（三）新技术革命

随着数字技术的广泛应用，工程算量软件及相关服务日趋成熟，将会在不远的未来，给现行的、以"计量与计价"为主要工作内容和核心能力的传统造价咨询行业造成强烈冲击。

面对诸多挑战，作为个体的上咨造价该何去何从？重大建设项目的投资管控又将如何直面挑战、不断提升管理的有效性？

二、新理念新咨询

（一）投控实践

近二十多年来，随着基本建设和房地产行业的蓬勃发展，工程造价管理积累了丰富的经验，并获得了显著的发展。

当前，建设和房地产领域的投资管控，有以下三种基本策略和管控层级：

1. 计量核算型，即投资管控1.0

◎ 系造价管理的初级阶段，此管理层级的核心要点：以建安费的核算为主要管控手段，关注算量计价、批价核价，强调算得准、算得快，其具体工作包括覆盖项目全过程的估概预结即四算。

◎ 不可否认，计量核算是成本管理的一项必不可少的基础工作，亦是造价咨询人的基本技能。因此，无论是现行的GB/T 51095—2015《建设工程造价咨询规范》《建设工程造价咨询成果文件质量标准》，还是国际上测量师协会（RICS）沿用至今的工料测量技术，以及大部分政府财政或国营企业投资及商业项目的成本管理，均基于这样的管理思路。

◎ 无论是相对于设计，还是其主要工作量发生的时点——施工阶段，计量核算型投资管理均是属于事后、被动于项目策划和设计的，且多限于对承包商的量价核算管理，在影响建设投资或开发成本最关键的项目定位和规划设计阶段，以及合约规划、动态监控和管理后评估，或无提及，或重视度不够。

◎ 目前，一线造价咨询人的日常工作仍主要是核算，随着计量计价软件的不断成熟和BIM技术的推广应用，相信在不久的将来，计量核算在整个造价咨询服务中的工作量占比会大大降低。

2. 目标管控型，即投资管控2.0

◎ 此管理层级的核心要点：强调预设一个管控目标，并按工程标段（即合约规划）、产品类型和责任成本这三个维度予以进一步的分解，在招采分判和施工阶段予以动态控制和阶段性考核。

◎ 目标管控型已成为目前房地产开发成本管理的主基调，虽对设计有一定的制约手段（限额设计和产品设计的标准化配置），但本质上，此管控模式仍是"核算型"的变异，因为在目标建立的过程中，虽然在项目策划、规划设计阶段亦参与提供成本测算，但仍不能解决以下事项，或做的远远不够。

（1）如何将资金引向客户敏感处，从而实现产品溢价和投入产出边际效益最大化；

（2）对建设流程、其他职能端管理不善（如上述案例里发现的因未能很好地解决运营为先，导致后期的设计变更和增项发生）造成的超概现象无能为力；

（3）对过往的经验教训未能主动转化为预控手段，并上升到知识管理层面；

（4）远未能就影响项目成本基因的建设规模（单位功能面积指标）、交付标准、分期开发策略等实施主动的管控。

3. 供应链管理，即投资管控 3.0

◎ 房产开发商（或政府保障房建设者）利用其庞大的建设规模、产品系列和有效的（部品部件）设计标准化，将不同项目及时段的采购需求予以整合，通过集约化采购，锁定优质供方，提高议价权，以此降低采购成本，从而实现降本增效的投控效果。

◎ 对照"某歌剧院结算超合同价"案例，投控 3.0 同上述投控 1.0 和 2.0 一样，也存在同样的局限和不足。

（二）数据驱动型，即投资管控 4.0

基于上述 1.0—3.0 的局限和不足，为此，我们提出了如下投资管控策略：

◎ 将投资管控的关注点向两头延伸，强调：

（1）事前对项目"造价基因"的成本预控（又称之为策划增值型），包括对建设规模（即单位功能面积指标）和建造标准的验证和控制；

（2）事中和事后的管控，包含对历史工程的经验提炼和反哺，并提升至知识管理层面。

◎ 由此，针对以下几种分类，实施精准有效的投资管控：

（1）不同建筑类型（医院、文体等公共建筑类和房地产开发等商业类）；

（2）不同工程/标段类型（桩基、总包、内装、幕墙、园林绿化等专项工程）；

（3）委托方管理成熟度。

◎ 投控 4.0 的工作内容侧重于：

（1）从投资效益最大化视角，积极参与项目前期策划，推动规划设计方案的优选，合理确定建设规模（如：歌剧院项目的单位功能面积指标等），实现投入产出最大化；

（2）引用数据库（功能面积、设计计算参数、结构工程量的含量指标等），推导或论证设计成果和建造标准，避免建设项目的高投入低产出，实现成本适配；

（3）利用大数据思维，从类似项目或标段（结算超支原因细分）找出投控风险和管理短板，协同和倒逼建设项目各参与方（相关职能端）制定、预设风控措施，提升投资管控的针对性和有效性。

◎ 要有效推进和实施投控4.0。一方面，造价咨询/项目经理不仅须具备过硬的专业能力与管理高度，更需具备情商、沟通和跨专业协同能力；另一方面，如何改善现有的咨询生态、打破委托方对咨询方的固有认知，积极发挥咨询方在重大建设项目等政府投资项目的前期策划和规划设计中的专业贡献，从源头上影响和改良项目的"造价基因"，这是当下咨询方所要面对的首要挑战。

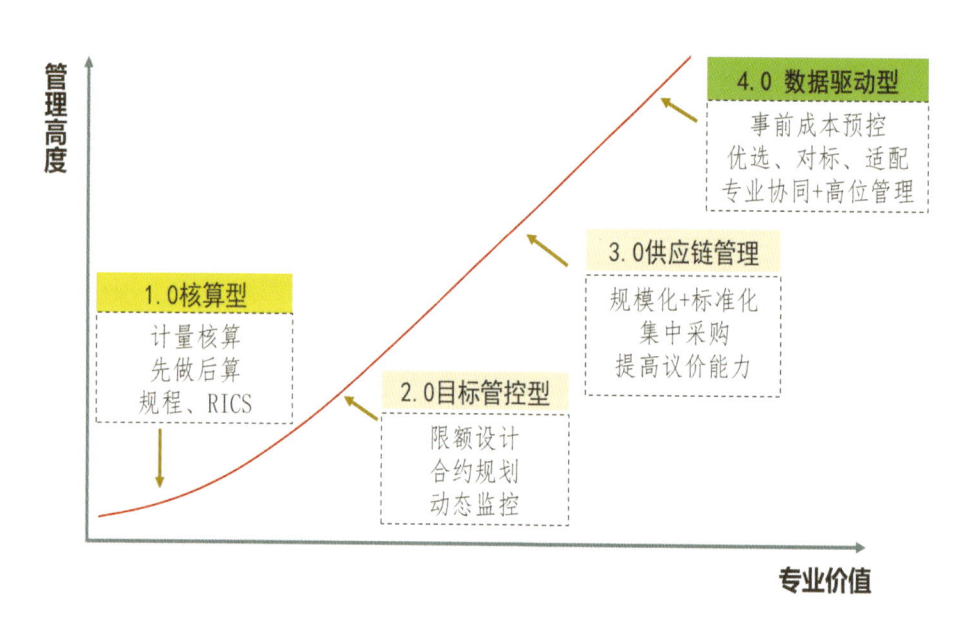

图1 从1.0—4.0的成本管理发展之路

三、新挑战与新机遇

重大复杂工程建设项目通常具有建设规模和投资金额大、施工难度高、建设周期长、涉及相关参与方多等特点，这对开发、承建、运营和咨询方的专业能力提出了很高的要求。

同时，针对当下地方政府债务高企、部分政府主导项目超概现象重复发生等问题，政府相关部门及国资委对重大复杂建设工程项目的开发与投资方（以各级国资企业及金融机构为主）提出了严格管理、资金平衡、效益考核、市场接轨等要求。

由于重大复杂工程项目参与方多，这类项目的投资绩效受参与各方管理水平的影响极大，最终都会在造价（变更签证和被索赔）上表现出来，项目的建安费用、建设时序、资金筹措、税务筹划等，将直接影响项目现金流及其财务成本，最终影响项目整体的投资效益。由此，对工程造价咨询机构提出了更高、更广、更深的专业服务要求。

投资管控 4.0，就是在这样的新背景、新工程中发展起来的新咨询策略。这与投资监理发展初期的情形非常类似——快速发展的市场需求，推动工程造价咨询机构走出舒适圈，创新发展与市场需求相匹配的新服务内容、新业务框架、新专业能力，提供跨专业、跨项目、跨业态、跨阶段的无边界服务平台，以帮助委托方实现高质量、高水平、高标准的建设目标。

综上所述，随着工程建设项目日趋复杂，委托方对咨询要求日趋提高，政策及市场因素的复杂多变，传统计量计价的造价咨询模式已不能满足现实的挑战。

面对当下日趋复杂的重大建设项目，其投资管控绩效受到参与各方管理水平、各方协同力等因素的影响。作为造价咨询方，我们的关注度绝不能囿于传统意义上的计量核价，而应"跳出造价看造价"，直面挑战，借助于数据的智慧，实施投资管理 4.0。

（王英、赵丰、沈新伟、应莺、丁文君、程红元）

参考文献

[1] 赵丰. 房产开发与政府项目成本管理作业指导书 [M]. 武汉：长江出版社，2017.

[2] 赵丰，李爽. 工程造价咨询作业手册：基于标准化、精益化、集成化和数字化 [M]. 武汉：长江出版社，2021.

[3] 丁文君. 某歌剧院项目造价控制要点 [R]. 2022.

人工智能治理形势及推进思路研究

一、人工智能治理的总体发展情况

过去十年，人工智能技术在深度学习、大数据，以及"摩尔定律"的支撑下取得一个又一个突破性进展，在计算机视觉、自然语言处理、语音识别等不同细分领域实现商业化落地。截至目前，人工智能已在城市治理、教育、金融、医疗、零售、交通、文娱、制造等众多场景获得广泛应用，并正加速向科学研究、文艺创作等知识拓展类场景渗透。人工智能作为跨行业的通用目的技术，正在被广泛认可和采用，一个泛在智能的时代正在加速到来。

纵观历史，通用目的技术在推动社会生产力实现跃迁的同时，不可避免地会对原有的社会生产关系带来革命性影响，犹如电力与工厂、互联网与电商、视频互联网与主播等。这一规律同样适用于人工智能，尤其是当数据驱动的人工智能突破人类既有认知的边界时，其对原有社会生产关系形成的影响将比以往任何一次技术革命都要快速和深远。即便在尚处于"弱人工智能"阶段的当下，人们对自动化决策系统鲁棒性、公平性的关切，对算法推荐、深度合成以及生物特征信息识别技术广泛使用的担忧和误解，无不清晰地表明，如果不能尽快就人工智能的发展目标、发展方式以及应用规范等问题与全人类福祉相统一，人工智能技术走向规模应用将持续面临挑战。商汤通过长期坚守"平衡发展的 AI 伦理观"的三大基石原则来保障 AGI 时代的人类权益与福祉，包括"以人为本""可持续发展""技术可控"。

正因如此，人工智能治理在过去十年里同样获得了企业、政府机构、国际组织、社会团体等多利益相关方的高度重视，并取得显著进展。**目前，人工智能治理已经进入落地实践的阶段。从发展历程看，人工智能治理至今已经走过了三个阶段：**

◎ **人工智能治理的 1.0 阶段：起于 2016 年，以"原则"设计为主。**哈佛大学 Jessica Fjeld 等在研究中将人工智能治理 1.0 阶段的开端定位于 2016 年 9 月，以谷歌、脸书、IBM、亚马逊和微软等美国企业共同成立的人工智能合作组织（Partnership on AI）为标志。Anna Jobin 等通过梳理来自全球 84 份人工智能伦理相关的原则或准则文件同样发现，2016 年之后发布的占比高达 88%；其中，私营企业和政府部门发布的文件数量分别占比 22.6% 和 21.4%。

◎ **人工智能治理的 2.0 阶段：起于 2020 年，以"政策"制定为主。**2020 年 2 月，欧盟委员会发布《人工智能白皮书》，在全球率先提出了"基于风险的人工智能监管框架"。此后，主要国家纷纷跟进，均不同程度地开展了监管人工智能相关技术及应用的探索。因此，2020 年也常被称为"人工智能监管元年"。据经济合作与发展组织（OECD）的统计，全球已有 60

余个国家提出了 700 余项人工智能政策举措，而德勤全球（Deloitte Global）则进一步预测，2022 年将会有大量关于更系统地监管人工智能的讨论。

○ **人工智能治理的 3.0 阶段：起于 2022 年，以"技术"验证为主。** 进入 2022 年，随着全球人工智能治理进程的持续推进，以及可信、负责任人工智能等相关理念的持续渗透，有关验证人工智能治理如何落地实施的倡议日益增多。在政府侧，2022 年 5 月，新加坡政府率先推出了全球首个人工智能治理开源测试工具箱"AI.Verify"；2022 年 6 月，西班牙政府与欧盟委员会发布了第一个人工智能监管沙箱的试点计划。在市场侧，美国人工智能治理研究机构 RAII 发布了"负责任人工智能认证计划"，向企业、组织、机构等提供负责任 AI 认证服务。

面向 3.0 阶段，人工智能治理的技术验证预计将从两个方面同步推进：一是通过实践验证原则、政策要求和标准的可落地性；二是通过采用技术工具验证各方对人工智能治理规范的落实程度。

从全球看，人工智能伦理技术工具正在快速发展，国际组织、政府、企业等均在探索相应的解决方案。企业方面，全球大型科技企业均在积极推动人工智能伦理在产品和方案上落地应用。政府和国际组织方面，包括 OECD、欧盟、中国、新加坡、德国在内的相关主体在人工智能伦理技术工具上均有积极举措。

目前，IBM、微软、谷歌、商汤等行业代表型企业面向偏见检测、隐私保护、安全性、风险管理以及提高公平性、透明度、可解释性等均开发了一系列内部测评工具，以开展自我审查工作与机制。例如，商汤面向数据的隐私保护、利用及人工智能模型开发流程，开发了人工智能安全平台。其主要目标是将安全加入模型生产的各个环节，打造可广泛验证使用的可信赖 AI 解决方案。如图 1 所示，商汤科技人工智能安全平台目前具备六项安全模块，包括训练数据脱敏模块、数字水印模块、隐私计算模块、鲁棒性训练模块、模型体检模块和 AI 防火墙模块。同时，商汤科技也在大力投入模型可解释性和公平性层面的工具开发。

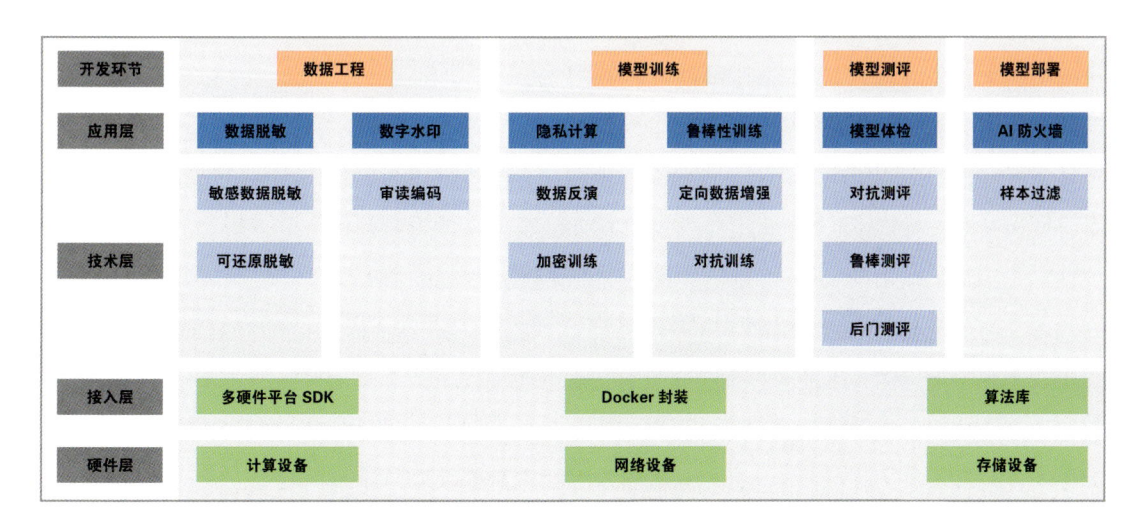

图 1　商汤科技人工智能安全平台构成

二、全球主要国家人工智能监管趋势

当前，欧盟、美国、中国，以及新加坡、英国等主要国家和国际组织均在加快人工智能监管的政策制定步伐。OECD统计数据显示，全球已有60余个国家提出了700多项人工智能政策举措。

从主要国家发布的人工智能法案、政策文件以及监管举措看，目前人工智能监管呈现出以下几点显著趋势：

一是基于场景的风险分级分类治理成为各方共识。基于风险的治理路径（Risk-Based Approach）首现于欧盟《通用数据保护条例》（GDPR），并在欧盟2020年发布的《人工智能白皮书》中得到继承和发扬。目前，风险已经成为各国人工智能政策文件中必不可少的关键词。从各方的风险等级划分标准看，各国对人工智能应用风险的判定主要考虑与生产安全的关联度、影响范围、数据重要程度、对人权及人类自主意志的影响等因素。其中，各方对自动化决策、人脸等生物特征识别技术和内容合成技术，以及算法推荐技术的应用风险尤为关注。

二是事前风险评估与备案或将成为高风险应用的主要监管模式。"备案"是政府行政管理的重要手段，在不同领域均有广泛运用。目前，主要国家对高风险人工智能应用的监管均提出了不同程度和形式的"备案"要求。例如，针对高风险人工智能系统，已进入最终谈判阶段的欧盟《人工智能法案》提出，欧盟委员会应与成员国合作，建立并维护一个数据库，对高风险人工智能系统进行注册和管理，注册时应提供相关信息，并保持更新。美国《2022年算法责任法案》也提出，在联邦贸易委员会（Federal Trade Commission）设立一个公共存储库来管理这些系统。我国网信办等4部委发布的《互联网信息服务算法推荐管理规定》也明确要求，具有舆论属性或者社会动员能力的算法推荐服务提供者，应当在提供服务之日起十个工作日内通过互联网信息服务算法备案系统履行备案手续。

三是事前风险评估日益成为人工智能监管的重要手段。2018年1月，美国纽约市议会通过的美国第一部算法问责法——《1696法案》，首次提出自动化决策系统的影响评估制度。2019年2月，加拿大发布《自动化决策指令》，同样要求政府部门在部署任何自动化决策系统，或其系统功能、范围发生变化时均需进行影响评估，并提出了一系列影响评估指标。2019年4月，欧盟针对公共部门采用的算法，发布《算法问责及透明度监管框架》，建立了"算法影响评估"（AIA）机制，并规定了算法评估的主要步骤。我国《关于加强互联网信息服务算法综合治理的指导意见》中，也提出了开展算法安全评估的要求。

四是算法治理成为当前各方发力的聚焦点。继数据安全、个人信息保护之后，政府执法部门对自动化决策系统的使用、利用算法影响市场竞争及交易公平性的行为，以及通过算法做出关乎个人权利决策的行为成为人工智能规制的主要内容。从算法治理的政策要求看，主要国家对算法服务提供方的核心要求主要体现在两个方面：一是提升算法透明度；二是保障用户知情权和选择权。总体看，各国应对算法风险的总体思路通常落脚于提升算法透明度，算法备案制度正在成为更多国家实现这一治理目标的关键抓手，而披露算法运行机理、提供算法关闭选项正在成为各国保障用户知情权和选择权的通用做法。

三、人工智能治理落地面临的挑战

（一）从整体看，推进人工智能治理需要重点处理好以下"三组关系"：

一是完美理念与有效行动的关系。IBM 的一项研究发现，虽然超过半数接受其调研的组织发布了或公开认可了人工智能伦理的共同原则，但只有不到四分之一的组织将其付诸实施。人工智能伦理治理在实践过程中仍面临诸多现实挑战：一是人工智能治理与现有组织结构的融合问题。人工智能治理工作涉及信息安全、数据治理等与现有组织结构重叠的领域，职责交叉、工作范围难以厘清等问题在组织层面对推动落地实践形成了一定的制约。二是伦理治理尚未真正融入企业的业务价值闭环。在推动人工智能伦理治理工作时，业务方可能会因看不到短期收益，出现对伦理治理工作重视程度降低、治理工作落实缺位等情况。三是伦理治理落实缺乏共识性标准的问题。

二是治理政策与创新实践的关系。政策制定者与技术开发者的视角不同、立场不同，对政策意涵的理解也不尽相同，在推动人工智能治理落地的过程中，还需要将政策要求转化为技术和业务团队可执行的实践标准。处理好政策与实践的关系，应重点考虑以下四方面：一是政策制定应考虑产业、技术应用的动态性和多样性，为行业发展提供一定宽松的环境；二是不同机构、部门、国家应努力推动 AI 治理标准的互联互通；三是应加强 AI 治理实践部门在政策制定过程中的参与程度，提升政策要求的可落地性；四是政策层面与产业层面在 AI 治理相关问题的定义方面应当寻求更多共识。

三是技术发展与用户认知的关系。目前，AI 治理仍主要局限于专业讨论、企业内部治理领域，尚未将最终用户纳入 AI 治理的工作体系之中。因此，市场或者社会上对 AI 相关的治理问题还存在不少的误解，有些用户会将暂时的技术问题定义为长期性的治理问题，例如，将新部署的 AI 系统暂时性的识别效果不佳的问题理解为算法歧视问题。IBM 的研究发现，只有 40% 的消费者相信企业在开发和部署新技术时是负责任且合乎伦理的，用户对 AI 治理缺乏深度认识。因此，在推动 AI 治理落地的过程中，还应处理好技术与用户间的关系。为此，技术提供方应使用用户语言讲解技术，AI 治理机构应主动厘清治理挑战的根源、深化用户对 AI 治理问题的理解，并且提升用户参与 AI 治理的能力。此外，企业还应加大对治理技术工具的投入，提升 AI 治理的可验证性。

（二）从产业层面观察，我国人工智能治理目前主要面临以下几个挑战：

一是人工智能伦理治理缺乏国际环境下可执行的行业标准和权威的评价认证体系，伦理治理难以真正融入企业的业务价值闭环。同时，由于伦理治理短期业务收益不明显，在推动人工智能伦理治理落地时，业务方也可能会因短期看不到收益，出现对伦理治理工作重视程度不足、治理工作落实缺位等情况。

二是人工智能产品缺少各方认可的权威第三方伦理测评标准和认证体系，产品出海容易遭受伦理挑战和差别待遇。目前，部分国家和地区如欧盟、新加坡已陆续推出人工智能治理"沙箱"和测试工具箱，并有将伦理标准作为市场准入要求的发展势头。不久前，美国同欧盟还联合发布了路线图，明确提出，将在AI治理的定义、标准，以及评估框架方面开展合作。

三是我国人工智能伦理研究与产业实际和行业需求存在不小的差距，难以有效指导行业发展和治理实践。与欧美相比，目前，我国人工智能伦理研究的重点主要集中于学术理论层面，对产业发展面临的实际伦理挑战和企业治理需求的研究不够深入，不同领域对于AI伦理治理问题尚未形成共同的理解，尤其是未能与国际伦理制度相关联、相制衡。

四是人工智能伦理治理是一个学科交叉领域，企业开展人工智能伦理治理还存在"良将难求"的人才供需失衡问题。人工智能伦理治理属于新兴业务领域，急需实务型人才建立工作体系和标准流程。目前，人工智能技术背景的专业人才对于转型做伦理治理的兴趣不高，科技哲学等社科背景的专业人才对人工智能技术的理解不够深入，成为企业推动人工智能伦理治理落地过程中面临的挑战之一。

四、加快探索人工智能治理"上海模式"

当前，人工智能技术正处于商业化落地的关键发力期，国内外创新创业活跃、市场竞争激烈，开展人工智能治理应当坚持包容审慎的原则，建议从以下几个方面着手：

一是准确定义问题。应当客观分析哪些是技术发展水平不足导致的，哪些是技术应用的负面性导致的，以及哪些是技术滥用导致的。对于技术滥用的问题，比如，利用AI实施电信诈骗，应当严格监管；对于技术负面性的问题，比如，岗位替代问题，可以考虑鼓励职业培训等"政策性救济措施"；对于技术水平不足的问题，比如，当前各方关注的AI生成内容的准确性问题，可以采取"柔性监管"的方式，在能够满足内容治理和事件响应的基本要求下，允许相关产品和服务上线试营，在实际工况的反馈下持续迭代优化。

二是合理划分责任。对于合规义务的划分应当适应当前AI产品及服务的商业化现状，既要关注"负责任创新"，也应加强"负责任应用"，采取基于"价值链"刻画"责任链"的思路划定各方责任。从目前的落地模式考虑，对于AI产品及服务的责任划分，可以按照"技术提供方""服务提供方""用户"等在技术研发、部署、使用等不同环节的作用配置责任。

三是优先使用既有政策工具。从整体考虑，人工智能治理的内容涉及数据、算法及应用三个层面，包括数据安全、隐私保护、算法安全、内容治理等具体方面。针对上述内容，我国现行政策体系基本能够实现比较有效的覆盖，例如，《数据安全法》《个人信息保护法》《互联网信息服务管理办法》《互联网信息服务深度合成管理规定》《网络信息内容生态治理规定》等。因此，开展人工智能治理的制度设计应关注政策体系的协调性和一致性，优先考虑利用已有的政策工具实现监管目标，对于新增的要求应当充分论证其必要性。

四是充分发挥多方治理合力。目前，人工智能领域正处于高速创新的发展阶段，因此，在监管制度设计方面宜粗不宜细，为监管要求适应产业实际的快速变化保留一定的弹性空间。同时，在政策实施方面，可以重点考虑与企业内部治理体系和行业第三方机构在要求阐释、评估测试等方面加强沟通协同，保障对人工智能安全风险的治理效率和治理效力。

（胡正坤、田丰　商汤智能产业研究院）

上海市加快元宇宙技术前瞻布局研究

"元宇宙"概念全球爆发，中央和地方政府对此高度关注。2022年7月8日，上海市政府发布了《上海市培育"元宇宙"新赛道行动方案（2022—2025年）》，提出将坚持虚实结合、以虚强实的价值导向，发挥上海在5G、数据要素、应用场景、在线新经济等方面优势，推动元宇宙更好赋能经济、生活、治理数字化转型。本研究聚焦元宇宙国内外的发展趋势，分析了元宇宙相关的技术结构、国内外元宇宙技术发展的历史与现状，综合上海在元宇宙相关技术领域的基础与不足，提出了上海加快元宇宙前瞻布局的方案。

一、元宇宙概念缘起

元宇宙的概念最早源于文学科幻作品对未来的憧憬，随后在影视和游戏产业逐渐延伸和发展。1992年，美国著名科幻作家Neal Stevenson在科幻小说《雪崩》中，首次明确提出元宇宙（Metaverse）这个概念，并以此表示未来的一个网络虚拟世界。

2021年元宇宙概念在全球突然兴起，拉开了全球抢占元宇宙赛道的国际大幕。2021年3月，提出打造元宇宙平台的著名游戏公司Roblox在纽交所公开发行上市后股价飙涨，被誉为全球元宇宙概念第一股。随后，元宇宙投资热潮席卷全球，包括Meta、微软、谷歌、百度、阿里巴巴、字节跳动等国内外科技巨头纷纷"入局"，市场上针对元宇宙投资的新闻层出不穷。元宇宙作为新发展赛道不仅成为资本市场的投资风口，也引起了各国政府、机构的广泛关注。

二、元宇宙架构体系

（一）元宇宙的定义

结合现有主流观点，我们认为，元宇宙是指人类利用信息化、数字化前沿技术创造的、与现实世界映射与交互的数字化空间，是以虚拟现实融合为核心技术，并集成人工智能、网络通信、云计算、区块链等多种前沿技术的创新产物。

（二）元宇宙的技术结构

基于元宇宙的发展现状，从技术结构视角来看，元宇宙总体技术框架可归纳为核心、支撑、保障三大板块体系，以及沉浸交互技术、物联网技术、基础信息通信技术、区块链技术、人工智能技术、基础计算技术和安全技术**七大技术体系构成**。

1. 核心板块

沉浸交互技术是元宇宙的核心技术，位于元宇宙核心板块。元宇宙作为下一代互联网的发展和创新方向，其最突出的特征就是利用沉浸交互技术增强用户的沉浸式体验，扩展用户感知能力，并实现在虚拟与现实两个空间维度的交互。

2. 支撑板块

支撑板块包含三大技术体系：包括**物联网技术**、**基础网络通信技术**等链接技术体系，**区块链技术**等去中心化技术体系，以及**基础计算技术**、**人工智能技术**等计算与智能技术体系。

3. 保障板块

保障板块利用安全技术为元宇宙的运行架构、数据保护、内容生产监管、用户人身信息保障等方面提供技术支撑，以保证元宇宙在未来的技术发展和应用上的平稳性、安全性、规范性、低风险性。

三、我国各级政府行动方案

2021年，随着"元宇宙"概念的全球爆发，我国中央和地方政府高度关注。2022年1月，国家《"十四五"数字经济发展规划》指出，要将人工智能、虚拟现实等技术融合发展。2022年7月，《上海市培育"元宇宙"新赛道行动方案（2022—2025年）》提出，将坚持虚实结合、以虚强实的价值导向，发挥上海在5G、数据要素、应用场景、在线新经济等方面优势，推动元宇宙更好赋能经济、生活、治理数字化转型。2023年以来，国内元宇宙政策的出台呈现快速增长势头，国家级和地方层面的产业扶持政策和项目不断落地，截至目前，已有近40余个省市政府相继发布元宇宙建设规划。上海更是加快步伐，2023年1月11日，上海市第一批元宇宙重大应用场景需求榜单公示；6月14日，市科技委印发《上海市"元宇宙"关键技术攻关行动方案（2023—2025）》；同月21日，市文旅局发布《上海市打造文旅元宇宙新赛道行动方案（2023—2025）》；上海布局进入元宇宙发展快车道。

四、元宇宙核心技术与应用

（一）世界主要国家元宇宙技术与应用比较

从全球视角看，目前美国、中国、日本、韩国在"元宇宙"领域起步较早，均具备一定的技术、产业与应用基础，但发展程度差异明显。

从政策支持度、技术发展度、产业延伸度、资本活跃度、发展应用优势等角度来评价，美国在各方面均具有引领性，"元宇宙"相关领域政策布局和规划较早，相关技术发展全球领先，产业延伸布局全面，资本市场活跃。中国综合发展水平位于全球第二，主要优势是在新一代网络通信技术以及庞大用户基数引致的潜在市场应用规模方面。韩国在政策支持方面"发力"最足，具备"虚拟数字人"技术优势和三星等寡头企业带来的综合技术支撑，并将应用于偶像工业发展。日本在ACG产业和IP资源方面具有优势，将在游戏文娱产业形成内容以及应用优势。此外，欧盟、俄罗斯等主要经济体也表现出对"元宇宙"的关注，但是政府持相对谨慎的态度（如表1所示）。

表1 中美日韩"元宇宙"发展对比

国家	政策支持	技术发展	产业延伸	资本活跃	发展应用优势
美国	★★★★	★★★★★	★★★★★	★★★★★	在技术、设备、产业上全面引领
中国	★★★★	★★★★	★★★★	★★★★	拥有完整的产业结构和庞大的市场潜力，在网络通信技术等部分细分领域形成技术引领
韩国	★★★★★	★★★	★	★★	政策支持+龙头企业技术优势+偶像工业
日本	★★	★★	★	★★	ACG产业技术与产品内容优势

资料来源：清华大学新媒体研究中心

（二）我国元宇宙技术与应用现状

在计算与智能技术体系方面，我国在人工智能、云计算等方面进步显著，但技术应用度与成熟度与发达国家存在较大差距；在关键芯片、渲染软件工具、游戏引擎等关键领域不乏一些新兴企业实现技术突破，但与行业领军企业相比仍有差距。

在链路技术体系方面，我国在全球5G技术和应用领域处于引领地位，物联网技术应用上具有一定先发优势，但在关键芯片和传感器领域技术存在短板。

在沉浸交互技术方面，我国VR/AR等智能硬件终端产业多点开花，面板显示领域部分技术厂商已形成规模与技术引领，但内容生态仍为厂商发展瓶颈。

在应用场景方面，我国元宇宙市场应用前景广阔，用户消费级元宇宙、城市元宇宙场景搭建较为丰富，工业元宇宙发展已有雏形，但国内"杀手级"应用产品较为缺乏。

五、上海布局元宇宙之机遇与挑战

（一）上海具备政策布局靠前、后端基建领先、技术储备丰富的元宇宙布局优势

一是政府政策前瞻规划，为我市元宇宙发展确立了重要方向。市委领导专门组织本市领军企业和专家学者召开了"元宇宙产业发展专家座谈会"，同时提出了一系列规划、方案布局，推进了一批元宇宙应用场景，积极扩宽元宇宙发展空间，培育元宇宙技术发展主体。

二是基础网络通讯技术全国领先，为我市元宇宙发展提供基础支撑。上海在基础网络通信建设方面起步较早，截至2020年底，本市基本实现千兆固定宽带家庭全覆盖，实现中心城区

和郊区城镇化地区 5G 网络全覆盖。2023 年，本市千兆光网用户规模、用网体验将更上一个新台阶，支撑元宇宙应用的链接技术体系将更加完备。

三是计算与智能技术领域积累丰富，为我市元宇宙发展构筑技术底座。在人工智能、集成电路、物联网等技术领域形成广泛技术储备，创新成果多点开花。人工智能领域集聚了商汤、旷视、云从、依图"AI 四小龙"等一批科技企业，集成电路领域企业专利申请量引领全国。

四是沉浸式交互技术发展迅速，为我市元宇宙发展打通应用入口。我市在 VR/AR 头显等终端设备上，产品迭代更新快，形成了以大朋 VR、亮风台、Realwear 等龙头企业引领的多元化发展形态，且相关产品在消费级、商业级两端均实现广泛应用。同时在该项技术上游，本市光学显示领域技术成熟度高，脑机接口等前沿技术领域已开展前瞻布局。

五是应用场景多元发展，为我市元宇宙发展构筑基本形态。目前，我市元宇宙应用场景实现多领域布局，基本形成涵盖消费级、产业级、城市级的元宇宙生态。

（二）前沿理论、核心技术、生态建设仍为发展短板

一是关键技术研究有待突破，前沿领域理论探索仍有较大差距。其一，从国际比较来看，我市在人工智能、计算视觉等关键技术领域与国外的技术发展存在一定差距；全国范围内来看，区块链、云计算、新型显示技术发展尚未形成产业引领作用。其二，与沉浸式体验密切相关的近眼显示等技术领域尚有技术瓶颈未能突破。

二是核心硬件工具存在短板，关键软件和操作系统受制于人。其一，在核心硬件上，上海已有企业（如摩尔线程）实现产品技术突破，但产品性能与国际巨头企业存在较大差距，下游产业对国际市场的依赖较强。其二，在工业软件、操作系统等数据工具上，我国大多处于技术空白，存在软件技术被"卡脖子"的风险，部分核心领域还存在系统安全性、数据泄露等风险。

三是内容生态有待完善，爆款产品和创新应用十分有限。其一，在内容平台上，上海本地尚未有企业成立相关内容平台，进而难以带动上海本地元宇宙内容资源整合。其二，在数字内容创新上，上海在数字内容产品创新性有待提升，数字文创产品的市场影响力不足。其三，元宇宙应用场景搭建有待提升，在功能完善和场景优化上仍需提高。

六、上海元宇宙新赛道布局建议

（一）围绕元宇宙技术短板，突破关键环节

在基础网络和物联网技术上，建议主要推动新一代技术标准、下一代网络通信、Web3.0 等底层技术研究，在 5G+TSN 融合、5G+边缘计算融合、物联网+区块链（BIoT）、物联网+人工智能（AIoT）、物联网+边缘智能等方向上推动技术融合创新。**在人工智能技术上**，深入探索 AI 底层算法和计算框架，主攻应用类算法创新。**在云计算技术方向上**，建议推进云底层软硬件布局和带动技术多元化发展，重点提高服务器、存储、操作系统的国产化云基础设备技

术性能，推进云计算、雾计算、边缘计算等多种技术路径协同发展。**在区块链技术方向上**，建议围绕隐私安全保护和数字金融体系建设，加强对区块链数据加密和时间戳算法、智能合约技术布局，为元宇宙数据和虚拟价值体系安全提供技术支撑。**在显示交互技术上**，建议聚焦终端显示交互设备的技术瓶颈问题，重点在VR/AR显示视场角扩展、高清近眼显示等方向上加大技术攻关。

在软硬件工具上，建议要以**核心芯片硬件和数字内容制作软件**为抓手，弥补国产数字工具领域技术空白。在数字化硬件上，要着力提升国产CPU、5G+AI通用芯片以及GPU、FPGA等专用芯片的性能，增强国产芯片对终端算力的支持能力。在数字化软件上，要尽早开展对3D建模、图形渲染、工业模拟、视觉引擎、数字孪生等专业软件的研发支持，尽快弥补我国在数字内容生产工具上的技术空白。

在前瞻领域上，建议结合元宇宙发展方向，着重在**下一代网络、下一代计算、下一代交互**三大前瞻技术领域探索布局。在下一代网络领域，依托5G技术积累，推动6G等新一代移动互联网的技术创新应用，打造具备更低时延、更高带宽、更强速率的通信技术。在下一代计算领域，开展超维计算、脉冲神经网络等前沿算法研究，形成新一代元宇宙算力内核。在下一代交互领域，依托上海的脑科学研究积累，推进脑机接口、脑芯片研究，探索多元的元宇宙技术入口。

（二）利用元宇宙场景基础，打造内容生态

坚持内容先行、虚实融合，打造多元化数字内容，带动消费级、工业级、城市级元宇宙多元发展。其一，在消费级元宇宙领域，要抓住数字文娱、电商产业发展新机遇，在VR游戏、VR影视、虚拟数字人、虚拟电商等产业加强内容质量建设，提高数字内容生产质量、打造"爆款"IP、优化消费体验。在游戏、影视、展览、文旅、消费零售等领域打造一批试点场景，带动我市网络数字消费繁荣。其二，在工业级元宇宙领域，要大力推广数字孪生、虚拟仿真等技术的应用，带动产业发展。其三，在城市级元宇宙领域，推动数字园区、数字城市、数字政务建设，有序推进数据的共享和互通，探索在元宇宙空间构建功能全面、实时交互的智能城市空间镜像，形成更有序、更智能、更便民的城市智能管理体系。

七、完善保障措施

（一）构建安全保障机制

其一，**要完善法规和制度框架**，加强内容安全、市场运行等方面的法律法规完善健全，提高对元宇宙相关技术的知识产权保护，形成"元宇宙"安全制度框架。其二，**要制定行业与技术规范**，由主管部门、行业协会牵头，针对元宇宙制定相关行业标准和自律规范，引导整个产

业体系健康发展。**其三，要加强用户权益保护**，针对用户财产安全、人身安全、数据隐私安全等多方面构建完善的保障机制，加强对少年儿童等弱势群体保护，维护健康有序的元宇宙网络环境。

（二）完善人才培养机制

其一，要挖掘内部资源，加强对本市集成电路、人工智能、光学显示、智能制造、虚拟数字化等重点产业人才培养支持，与本市相关高校、科研院所共同创新人才培养机制，探索培养"元宇宙"跨领域专家和交叉学科人才，力争在相关领域前沿技术上实现重要突破，形成各类人才衔接有序、梯次配备、合理分布的格局。**其二，要探索国内人才交流和资源共享机制**，依托项目协作、企业合作、校企合作、跨校联合培养等方式加强与外省市人才交流和技术合作，优化人才引进和流通渠道，发挥上海对全国"元宇宙"发展的辐射带动和资源整合能力。**其三，积极参与国际合作**，加大对发达国家国际顶尖人才和头部企业的引进力度，同时，深化与新兴市场国家和"一带一路"沿线国家的沟通融合，探索通过多种形式积极参与国际合作计划，培养具有国际视野的相关人才，进一步打开"元宇宙"国际市场。

（田苗、邱俊彦、蒋丽娟、刘泉林、葛文政）

上海市加快卫星通信及应用产业发展研究

一、课题背景与研究意义

近年来卫星产业发展迅猛，卫星产业正呈现出结构小型化、制造批量化、功能多样化、星座巨型化、组网智能化、业务服务化、天地一体化互联、低成本商业化等发展趋势。在新技术发展和多样化需求的双驱动下，更多大型卫星互联网工程的实现成为可能，同时也为卫星产业带来了相应的新挑战。

中国卫星市场在过去几乎是国家包办，市场力量非常微弱。在卫星与火箭制造的极高壁垒下，资金投入大、开发周期长，都是让社会资本望而却步的原因。但随着卫星开发模式、发射模式的改变，卫星的入门成本得到了大幅降低，从数十亿级别降到了千万级别，供给侧迎来了利好。而在需求侧，通信卫星在未来将紧密地与信息化社会相连，带来的商机远远高于传统的广播通信应用，数据传输业务、天基互联网等新机会创造了广阔的市场需求。包括中国星网、航天科技集团、航天科工集团等国家队以及银河航天等民营企业也相继提出了卫星互联网计划。随着卫星互联网被列入国家"新基建"发展范畴，未来5—10年我国卫星发射数量将超过10 000颗。本市也有航天八院、微小卫星研究院等多个单位参与了卫星通信及应用产业建设，广泛分布于产业链各个环节。

为积极响应国务院号召，落实上海市卫星及应用产业布局的重要部署，上咨集团依托在前沿产业和技术研究方面的专业优势，主动谋划、积极开展本市加快卫星通信及应用产业发展研究的课题研究，为上海卫星通信产业发展和目标定位提供研究依据和参考建议，为推动上海卫星通信产业加速发展贡献上咨智慧。

二、卫星通信及应用行业概况

（一）卫星互联网定义

卫星互联网是指利用卫星星座实现全球互联网无缝链接服务，能够作为地面通信的补充手段实现用户接入互联网，具有通信覆盖广、容量大、不受地域限制、具备信息广播优势等特点。

（二）卫星通信频段

卫星通信频段一般划分见表1，其中L、S频段主要用于传统手持移动通信及部分物联网服务，C、Ku、Ka 频段主要用于卫星通信固定业务。为了满足增加的频率轨道资源需求，Q、V 等更高的频段资源也在布局中。

表 1 通信频率

波段名称	频率范围	波长范围	波段名称	频率范围	波长范围
P 波段	230–1 000 MHz	1 300.00–300.00 mm			
L 波段	1–2 GHz	300.00–150.00 mm			
S 波段	2–4 GHz	150.00–75.00 mm			
C 波段	4–8 GHz	75.00–37.50 mm			
X 波段	8–12 GHz	37.50–25.00 mm			
Ku 波段	12–18 GHz	25.00–16.67 mm			
K 波段	18–27 GHz	16.67–11.11 mm			
Ka 波段	27–40 GHz	11.11–7.50 mm	Q 波段	30–50 GHz	10.00–6.00 mm
U 波段	40–60 GHz	7.50–5.00 mm	V 波段	50–75 GHz	6.00–4.00 mm
E 波段	60–90 GHz	5.00–3.33 mm	W 波段	75–110 GHz	4.00–2.73 mm
F 波段	90–140 GHz	3.33–2.14 mm	D 波段	110–170 GHz	2.73–1.76 mm

（三）卫星轨道

按照卫星离地表距离，卫星轨道大致可以分为低轨、中轨、高轨三类。低轨高度约为 400—2 000 公里，中轨高度为 2 000—36 000 公里，高轨／地球静止轨道高度约为 36 000 公里。

低轨道（LEO）卫星通信：传输时延、覆盖范围、链路损耗、功耗等较小。典型系统为摩托罗拉的铱星系统。

中轨道（MEO）卫星通信：传输时延、覆盖范围、链路损耗、功耗等居中。典型系统为国际海事卫星系统。

高轨道（GEO）同步卫星通信：技术最为成熟，但存在较长的传播时延和较大的链路损耗，不适用于通信领域。典型系统为 VSAT 系统。

高轨卫星的优势在于覆盖范围广、系统容量效率高，且对应关口站更为简单；低轨卫星的优势在于链路损耗小，时延短，可实现全球范围"补盲"。

（四）卫星组网形式

目前，主流的低轨卫星的组网形式有星型组网（以 OneWeb 星座为代表）及网状组网（以 Starlink 星座为代表）两种模式。

星型组网方式又被称为"天星地网"。卫星将作为连通用户终端与网关总站的通道，不设星间链路，借助地面站实现全球网络服务。

网状组网方式又被称为"天星天网"。卫星作为网络传输节点，架设星间链路，用户可以直接接入卫星互联网，地面段的复杂度及投资成本较低。相比星型组网，网状组网缩短了传输延时，但提高了对用户终端的设备要求。

（五）卫星通信及应用产业特点

当前阶段最成熟的卫星通信应用是包括电视广播业务等在内的视频业务。而低轨卫星在家庭宽带、中继回传、企业网络、海事通信、机载通信、政府及特种市场，以及卫星物联网等场景有较高的应用潜力。

三、国际卫星通信及应用产业现状

（一）国际卫星通信及应用产业概况

2021年全球卫星通信市场规模约1 800亿美元，同比增长20%以上，2017—2021年全球卫星通信市场规模复合增长率达11%。全球卫星通信服务业收入主要来自卫星电视直播和卫星固定通信，其中卫星电视直播收入约900亿美元，占比75%，卫星固定通信收入约177亿美元，占比15%左右。2021年全球航天器及通信卫星发射总量约1 850颗，通信卫星发射数量约1 400颗，占航天器发射总量的76%。

（二）国际卫星通信及应用产业案例研究

1. Starlink

SpaceX公司是美国集卫星、火箭、地面站制造，火箭发射和回收，卫星运营和服务于一身的商业航天产业链巨头。Starlink卫星建造成本为传统卫星的1/30，发射成本为传统发射的1/5。Starlink星座建设过程中，已实现关键产品自主生产，70%以上硬件均由内部制造。

SpaceX Starlink计划2027年完成1.2万颗卫星组网，目前产量为每年1 440颗。截至2023年4月底，总计完成80次"星链"组批发射。"星链"卫星总计升空数量达到4 284颗。至首批4 409颗卫星部署完成，将具备全球服务能力。

2. OneWeb

OneWeb卫星公司为英国政府与印度公司合资，具备天均2颗的生产能力。公司已完成18次发射，成功部署第一代低轨星座（648颗），将于2023年底前提供全球服务解决方案。OneWeb单星造价约100万美元，为传统卫星的1/10，卫星发射成本与传统发射相当，总计划入轨数量2 648颗。

OneWeb是第一个提出实现全球覆盖的低轨商业通信卫星系统，可以为偏远地区的个人与企业用户、铁路与公路车辆、海上作业单位、航空器、应急救援车辆等提供通信服务，应用领域横跨军民。目前 OneWeb 已在阿拉斯加、加拿大、英国、格陵兰岛与北极地区提供连接解决方案，并将很快在美国、南欧、澳大利亚、中东等地上线扩展服务。

四、我国卫星通信及应用产业现状

（一）我国卫星通信及应用产业概况

我国政府高度重视和支持卫星互联网产业的发展，多个部门陆续发布了一系列法律法规和鼓励政策。2020年4月，国家发改委指出信息基础设施是指基于新一代信息技术演化生成的基础设施，比如以5G、物联网、工业互联网、卫星互联网为代表的通信网络基础设施，将卫星互联网首次纳入"新基建"，我国低轨卫星互联网发展迎来重大发展机遇。

2021年我国卫星通信市场规模约为792亿元，同比增长9.6%。2025年我国卫星通信设备行业产值将超过500亿元，相关设备制造市场空间巨大。多年来我国航天产业自力更生，已经形成了完整的自主产业链，在产业链中部分企业已占据较大市场地位。

1. 卫星制造领域

在卫星制造领域，有中国卫星、银河航天、长光卫星、航天时代电子、中国航天科工集团、航天行云、天仪研究院、北京九天微星等代表单位。

2. 火箭发射领域

火箭发射受国家统一管控，由四大发射场承担。在火箭制造领域，有长城工业、中国运载火箭技术研究院、中国卫星发射测控系统部、航天科工火箭、中国长征火箭、北京蓝箭、北京零壹空间、九州云箭、北京星际荣耀、深圳翎客、振华、鸿远等代表单位。

3. 地面设备制造领域

在地面设备制造领域，主要有广州海格、中国东方红、北京航天科工世纪卫星、南京中网卫星、南京熊猫电子、北京华力创通、深圳星联天通、华讯方舟、成都振芯、海格通信、盟升电子、星网宇达、康拓红外、鸿远电子等代表单位。

4. 运营和服务领域

在运营和服务领域，主要是中国卫通、亚太卫星、亚洲卫星、中国电信、中国东方红等国家企业，以及北京信威、华讯方舟、北京九天微星、银河航天、北京千乘探索、太极股份、航天世景、中科星图、航天宏图、达华智能、凯乐科技等民营企业。

（二）我国卫星通信及应用产业案例

国内各大主要单位均提出了卫星互联网建设计划，列举其中代表如下：

1. 中国航天科工集团有限公司

航天科工"行云工程"低轨道卫星，计划在2023年前后发射80颗低轨小卫星，打造覆盖全球的天基物联网。首颗技术试验星"行云一号"已于 2017 年发射；2020 年 5 月，中国航天科工集团有限公司天基物联网星座的首发星行云二号 01、02 星发射升空。

"虹云工程"是我国首次提出建立基于小卫星的低轨宽带互联网接入系统。"虹云工程"预计将一共发射 156 颗卫星。2018 年已发射第一颗技术验证星，预计到"十四五"中期完成业务星座构建。

2. 中国航天科技集团有限公司

在低轨通信卫星领域，航天科技将建设"鸿雁星座"。"鸿雁星座"将由 300 多颗低轨小卫星及全球业务处理中心组成。一期由 60 余颗骨干卫星构成，实现全球移动通信业务和重点地区宽带业务；二期拓展至 300 颗。2018 年 12 月，航天科技已发射了"鸿雁星座"首颗实验卫星"重庆号"。

3. 中国电子科技集团有限公司

天地一体化信息网络是国家首批启动的"科技创新 2030—重大项目"之一，目标"天基组网、天地互联、全球服务"。天地一体化信息网络由天基骨干网、天基接入网、地基节点网组成，已完成试验系统第一阶段研发工作。2019 年 6 月 5 日"天象"试验 1 星、2 星搭载长征十一号火箭成功发射。

4. 中国卫星网络集团有限公司

2021 年 4 月，中国卫星网络集团有限公司以新央企的身份正式成立，规划和统筹国内卫星网络建设和应用。主营业务包括卫星互联网系统软硬件和系统衍生产品的标准制定、检测鉴定、产品认证、网络与信息安全、系统防护及相关技术服务等。

五、本市卫星通信及应用产业现状

（一）本市卫星通信及应用产业政策规划

上海市 2021 年 6 月发布的《上海市战略新兴产业和先导产业发展"十四五"规划》提出的 9 个战略新兴产业重点领域里，包含航空航天和信息通信。2022 年 2 月，上海市发布了《关于本市推进空间信息产业高质量发展的实施意见》，明确了"十四五"时期上海空间信息产业的发展目标：到 2025 年，以构建通导遥一体化空间信息系统为导向，形成数字赋能的空间信息技术创新体系和产业融合发展新格局，打造全球空间信息领域科技创新策源地、数智制造新高地、优势企业集聚地、应用服务输出地。

上海国家民用航天产业基地是我国第一个国家级航天产业基地，2006 年开发建设，主要包括航天科技研发中心、航天科技产业基地和航天科普基地。其中航天科技研发中心定位是打造集运载火箭、应用卫星、载人飞船、防空武器等航天产品研发、研制、试验于一体的航天科技研发基地；航天科技产业基地则以产业集群为目标，发展卫星导航应用和新能源产业，形成以卫星应用、航天技术及应用全面发展的产业格局。

（二）本市卫星通信及应用产业链布局和主要企业

上海有很多单位参与了卫星互联网建设，广泛分布于产业链各个环节。在卫星制造领域，上海地区有上海航天技术研究院、中科院小卫星创新研究所、上海航天电子有限公司、上海格思航天科技有限公司等，综合实力位居全国前列。在火箭发射和地面设备制造领域，上海航天技术研究院均有所储备；中国科学院上海技术物理研究所、中国科学院上海光学精密机械研究所、上海复旦微电子集团股份有限公司等，在部分关键零部件方面也具有竞争优势。在运营和服务领域，上海垣信卫星科技有限公司、上海清申科技发展有限公司等是国内卫星通信系统的领先企业。

（三）上海卫星通信及应用产业不足

一是起步较晚，未占有频率轨道资源。在卫星互联网领域，先发优势尤为重要，考虑到卫星频率及轨位资源的稀缺性，各家公司都会力争在最短的时间内完成组网，以抢占商业先机。上海乃至国内卫星互联网起步较晚，随着各国卫星组网的加速布局，我国将在卫星轨道资源、信息通信、太空探测及其他未知领域面临风险。

二是核心电子元器件、应用系统和运营服务等领域能力有待加强。2019年以来美国将多家中国机构与公司列入出口管制"实体名单"，限制零部件的购买。"实体名单"限制引发政治不确定，自主可控是发展卫星互联网的重要策略。上海需要加大对卫星终端天线、射频器件、基带芯片等关键 核心技术的研发支持力度，摆脱对其他国家供应链的依赖，增强产业自主可控性。

三是以龙头企业与创新平台引领的产业生态格局还未形成。上海卫星制造领域产业链上下游协同不足，整星制造企业不采购不同系统生产的子设备，各系统各自为战，未形成诸多专精特色的中小企业围绕着龙头企业集聚或者形成联系紧密的产业链。

六、本市卫星通信及应用产业发展建议

一是坚持多方协同发展，激发各方发展活力。强化企业创新主体地位，把握新一代通信技术发展趋势和方向，推动产学研协同、大中小企业融通，强化基础研究、应用基础研究和关键技术攻关，着力构建开放共赢的供应链体系，确保系统安全稳定、自主可控。为打造功能强大、全球化、市场化的中国卫星互联网星座，应当鼓励上海各类民营星座企业及已执行的国企星座计划或作为大系统中的子网络参与到整体的有机运行中。

二是以市场化思维发展卫星互联网，加速实现自我造血能力。低轨卫星互联网在投入方面具有前期投入大、卫星更换需持续投入等特点，在使用方面具有直接面向用户、资费敏感等特点。而我国商业航天尚处于起步阶段。因此，上海建设低轨卫星互联网星座时，应在顶层设计

上采用市场化思维，发挥民营商业航天企业在低成本、高效率、市场化等方面的优势，区别于传统的"探月""载人航天"等工程，形成创新国企—民企合作的卫星互联网建设与发展模式，实现卫星互联网建设与运营自我造血能力。

三是构建"卫星制造—发射—终端—应用"垂直联动的产业生态体系。加强卫星互联网自主可控发展。OneWeb公司一度进入破产保护程序，一大主要原因在于其不能有效控制制造、发射等环节，卫星制造、发射、空中接口、终端等不同公司负责，未能实现有效协同。因此，上海卫星互联网发展应发挥本地卫星产业链齐全的优势禀赋，在设计规划阶段实现产业链上下游联动协同，核心器件技术自主可控，通过自主技术创新与合作寻求效率和成本的最优解。

（彭元、王焕宁、陈志佳、李林依、孙哲楷）

临港新片区探索试点统一大市场制度创新研究

2022年4月,《中共中央 国务院关于加快建设全国统一大市场的意见》(以下简称"国家《统一大市场意见》")发布。我国从全局和战略高度提出加快建设高效规范、公平竞争、充分开放的全国统一大市场,重点加快建立全国统一的市场制度规则,打破地方保护和市场分割,打通制约经济循环的关键堵点,促进商品要素资源在更大范围内畅通流动,全面推动我国市场由大到强转变。构建全国统一大市场,打破我国经济发展中的深层次体制机制障碍,体现了我国继续深化供给侧结构性改革、不断推进市场化建设的决心,为建设高标准市场体系、构建高水平社会主义市场经济体制提供坚强支撑。

一、我国统一大市场建设和发展的现状分析

(一)我国建设全国统一大市场的机遇与挑战

1. 我国建设全国统一大市场的机遇

一是经济的持续健康发展为统一大市场建设奠定了物质基础。2020年,在疫情冲击下,我国是全球唯一实现经济正增长的主要经济体。2021年,我国全面建成了小康社会,脱贫攻坚成果举世瞩目。

二是构建新发展格局的战略部署为我国建设统一大市场提供了发展机遇。"十四五"规划纲要提出,要加快构建以国内大循环为主体、国内国际双循环相互促进的新发展格局。这一战略选择的基本出发点是将超大规模市场优势转化为国际竞争优势,扭转我国长期对国外技术、市场的严重依赖。

三是国际潮流与国内共识为我国建设统一大市场提供了良好氛围。国际环境方面,自2018年以来,全球区域经贸协定明显增多,2022年1月1日,《区域全面经济伙伴关系协定》(RCEP)正式生效,成为全球最大的区域贸易协定,涵盖东盟与中日韩澳新共15国的区域大市场形成。国内环境方面,在商品、要素流通领域,相关的规则、制度更加开放;纠正地方保护、行业垄断的管理措施顺应民心、民意;立法、执法、司法全方位产权保护法治体系初步形成;要素市场化配置改革持续深化;科创板设立、创业板改革以及全面实行股票发行注册制正式实施;输配电、成品油、天然气等领域,价格的市场决定机制已基本形成。

2. 我国建立全国统一大市场面临的挑战

一是国内经济下行压力使得加强监管与扩大开放间的施政矛盾凸显。建设全国统一大市场,

就是要打破传统体制下所形成的障碍、壁垒，破除制约市场主体发展的不合理限制，还需要建设和完善一系列监管体系。**二**是紧迫的外部环境使得联通内外双循环、兼顾国内大循环难度徒增。近年来，受新冠疫情反复冲击和地缘政治博弈加剧影响，特别是中西之间意识形态、价值观等方面差异和分歧逐渐显性化，同时受俄乌冲突影响世界经济滞胀风险上行。**三**是长期形成的经济制度遗留难题亟待解决。我国经济中长期存在着市场激励不足、要素流动不畅、资源配置效率不高、微观经济活力不强等一系列问题，干扰了市场在资源配置中的决定性作用，阻碍了统一大市场建设。

（二）国家《统一大市场意见》的要求和目标

国家《统一大市场意见》强调要加快建立全国统一的市场制度规则，打破地方保护和市场分割，打通制约经济循环的关键堵点，促进商品要素资源在更大范围内畅通流动，加快建设高效规范、公平竞争、充分开放的全国统一大市场。

工作原则方面：一是立足内需，畅通循环；二是立破并举，完善制度；三是有效市场，有为政府；四是系统协同，稳妥推进。

主要目标方面：一是持续推动国内市场高效畅通和规模拓展；二是加快营造稳定公平透明可预期的营商环境；三是进一步降低市场交易成本；四是促进科技创新和产业升级；五是培育参与国际竞争合作新优势。

二、临港新片区探索试点现状分析

（一）上海建设统一大市场的总体现状

上海是全国改革开放的排头兵和创新发展的先行者，其经济增速在全球主要城市中已处于领先地位，总量规模跻身全球城市前列，在建设统一大市场方面具有一定的先发优势。其一，上海基于国家相关战略支持，政策环境相对创新开放，改革开放取得突破，具备开放创新优势。其二，上海经济运行态势良好，市场规模、产业布局、资源要素相对健全，拥有高效运行基础。其三，上海地理位置条件优越，以航运为主的交通运输网络建设较为发达，具有国内外区域间沟通便利性。

同时上海也面临着一些问题。其一，上海面临着资源约束的问题，经济效率转变有待加强；其二，上海在长三角一体化发展中，区域间流通壁垒、分工协作方面有待进一步提升。

（二）临港新片区探索统一大市场制度创新试点的优势

1. 总体优势

临港新片区总面积873平方公里，发展空间资源更充分；临港新片区经济发展水平稳中加速、扩投资、促发展成果显著；营商环境稳定向好，城市治理科学精细；产业体系基本形成，科创要素逐渐集聚；产城融合有力推进，基础设施相对完备，社会民生持续改善；区域节点优势明显，示范效应充分发挥。拥有我国唯一的特殊综合保税区——洋山特殊综合保税区，被赋予了更大的自主发展、自主改革和自主创新管理权限。

2. 临港现有政策的对标分析

对标国家《统一大市场意见》明确的重点推进全国统一大市场建设及保障措施的"5个统一、1个规范"，逐项分析研究临港新片区现行发布的部分相关政策文件的具体内容，发现临港新片区在国家《统一大市场意见》中提及的七个方面均已有部分政策基础或后续规划。

其一，在市场基础制度规则制定方面处于国内前列；其二，在市场设施建设方面标准和水平较高，有高效联通基础；其三，在要素和资源市场方面基础较好，高效流动和与全国统一衔接仍在探索；其四，在商品和服务市场水平方面，规划不断推进加强；其五，在市场监管公平方面，国内优秀且不断探索完善；其六，在规范不当市场竞争和市场干预行为方面，持续营造公平公正竞争的市场环境；其七，在组织实施保障方面，部分重点工作建立保障体系并形成区域协作。

（三）临港新片区探索统一大市场制度创新试点存在的问题与不足

其一，现代流通网络体系建设发展不充分；其二，市场信息透明有待完善，交易平台建设尚待探索；其三，金融市场建设正在起步，数据资源交易缺乏基础；其四，跨区域协作与跨部门协调尚未建设可持续工作机制。

三、临港试点的重点任务建议

根据上述分析可以看出，临港新片区在市场基础设施总体水平、市场准入开放程度、市场监管公平性、公平竞争环境营造等方面已达到全国领先水平，在全国已起到引领标杆作用。但随着后续全国统一大市场的深入推进，对内部市场需求扩大，价值链、产业链、供应链能级提升均提出了更高要求。基于临港新片区发展现状及与国家《统一大市场意见》中推进措施的逐条对标，认为临港新片区在物流体系均衡建设、市场基础平台搭建、促进市场要素联通、信息交互渠道完善、优化市场生态等方面尚未达到与上海国际化大都市和"五个中心"建设相匹配的程度，仍需进一步优化改善，以加快落实支撑全国统一大市场建设。

（一）建议优化市场设施联通体系

第一，完善现代物流体系均衡发展。一是推进多式联运，形成"内联外通、便捷高效"的临港新片区现代综合交通体系。依靠"主+次"公路货运双通道项目，到2022年，在G1503与S2以南区域，基本形成与产业布局相匹配的主、次两个层次的货运通道；到2035年，货运双通道建设成熟，成为支撑上海市及全国物流的枢纽地位。二是健全物流仓储、转运中心建设布局。临港现代物流创新基地项目将重点聚焦现代物流基础设施硬件建设，集聚新兴物流企业。加紧国际中转集拼公共服务平台建设，面向国际中转集拼企业提供"一站式"服务解决方案。**三是加强应急物流保障体系建设。**依托交通网络和地理区位优势，在临港新片区建设上海市和长三角应急物流保障体系。

第二，实现城市数字化基础平台建设。一是加快打造国际数据产业创新集群和数字化园区，加大与国际通信、跨境数据流通特点相适应的新型数字化基础设施建设投资。加快"信息飞鱼"全球数字经济创新岛、"东方芯港"等特色园区建设，集聚规模以上重点产业重点企业；重点建设国际海光缆、国际互联网专用通道等枢纽设施，扩容亚太互联网交换中心、推进人工智能公共算力平台建设，为数据汇聚流转提供充足硬件基础。**二是**大力提升数字化服务水平和能级，推进智慧物流试点推广，加快完善智慧物流体系。打造智慧物流场景，依托东海大桥智能重卡等项目，优化运营组织、深化新能源货车运输示范应用，探索区域内编队行驶运输方案；积极试点应用港区AIV设备（自主智能机器人），在两港大道等快速路开展智能网联货车应用试点，推动建立绿色经济、便捷高效的新型公路货运体系。

（二）促进市场要素高效流通与互联

第一，创新试点人才要素"引育服"政策。一是打造"临港人才特区"，畅通人才流动渠道。探索降低人才落户门槛，放宽《居住证》积分制度限制，完善人才补贴政策体系。梳理一批符合新片区产业发展导向及城市功能发展需要的重点企业和重点岗位，形成"2张清单"。**二是**构建"产教融合示范区"，强化多元人才培育。提升高等教育水平，强化职业技能教育，构建多层次平台载体。以临港实验室、顶尖科学家实验室等主体为代表，多元化做大做强研究机构群。**三是**完善"一站式"人才服务体系，推进公共服务协同。健全人才便民服务体系，扩大海外人才开放引进。

第二，探索金融资本要素服务市场新模式。一是推动"金融资本＋科创"，发挥资本市场力量形成国际科创中心和金融中心建设双联动。引进辖区内各银行、红杉资本等资金力量，在支撑集成电路、生物医药、人工智能、航空航天等重点产业领域和"卡脖子"关键技术方面针对性研发特色产品，为科创企业提供全生命周期金融服务。**二是**赋能供应链，推进金融服务企业研发提供直达各流通环节经营主体的金融产品。**三是**推动优化资本市场服务体系，强化多层次资本市场联通。结合上海股权市场发展特色，探索推动地方资本市场服务体系和全国性证券市场服务体系无缝衔接。**四是**提升交易信息透明度，规范市场运行体系。发挥地方征信平台的功能作用，推进上海公共信用信息、金融信贷信息和其他市场信用信息间的依法共享和互联互通，破解中小微企业融资难题，优化融资环境。

第三，打通技术流通渠道，创新技术要素交易机制。一是探索跨区域技术流通新渠道。在重点产业试点采用"揭榜挂帅""补链强链"等方式实现企业与研发机构的紧密对接。**二是**创新交易机制，加快推进技术要素市场化配置，激活技术要素交易。进一步释放科技创新活力，完善知识产权评估与交易机制，推动各地技术交易市场互联互通，尤其要推动鼓励新片区内企业用好上海技术交易平台。

（三）健全全领域覆盖的信息交互渠道与综合平台

第一，完善数据跨境制度体系，推动市场信息交互渠道与平台建设。一是探索形成符合临港新片区"内外双循环"需求的安全、高效的数据跨境制度体系，制定一套可落地的数据跨境制度、与国内国际接轨的统一标准和规范性文件。制定临港新片区跨境数据流动治理规则，形成低风险跨境流动数据目录，探索"一行业一清单"的正面清单模式。二是加快市场信息交互渠道布局与综合平台建设。推进"信息飞鱼"全球数字经济创新岛建设，进一步拓展"离岸通"平台功能。

第二，推进开展信息与数据互联和应用。一是完善临港新片区一体化信息管理服务平台的"一体化"功能。整合现有分散的各功能模块，并扩大平台服务范围至临港新片区全产业、全领域、全覆盖。二是提升信息和数据对其他市场要素效率的倍增作用。探索"信息+""数据+"的管理运行机制，放大劳动力、资本等市场要素在价值链流转中的价值，推动形成新产业、新模式、新业态。推动临港新片区内重点企业积极通过上海数据交易所平台强化数据赋能。

（四）强化洋山特殊综合保税区功能

一是进一步发挥资源集聚功能。发展区内大宗商品离岸贸易，发挥船籍港平台集聚功能。通过建设洋山特殊综保区内大宗商品现货市场平台、联动"离岸通"平台，搭建保税船供平台，搭建国际集装箱运价交易平台，设立保税仓单登记交易平台。

二是创新布局保税研发、制造、服务产业。布局保税研发设计产业，发展保税加工制造产业，培育保税维修服务产业。根据洋山特殊综保区现有产业基础，发展二手汽车、电子产品、医疗设备、工程机械、精密仪器等保税维修检测产业。

三是发展跨境贸易新业态。深化跨境电商示范园区建设，培育跨境电商新业态。在探索建立区内企业、药品目录清单"双白名单"制度的基础上，进行医药产品跨境进口试点，推动开展跨境电商零售进口部分药品及医疗器械业务。

（五）优化市场环境与服务

第一，完善市场准入机制。加快研究市场准入效能评估指标，推进市场准入效能评估。构建科学、全面、系统的评估模型，探索试点制定临港新片区《市场准入效能评估指标体系及评估模型》。

第二，升级市场消费服务体验。加快保税展示交易示范平台建设。一是优先在洋山特殊综合保税区内，发展"前店后库"联动模式；二是争取在海关支持的前提下，开发建设"税款分离交易监控系统""销售系统"及"库存查询系统"等管理系统；三是在展销模式上，打造进口商品线上线下同步展示、同步销售、上下互动的O2O模式。

四、保障措施和相关建议

（一）形成组织保障体系

一是提高思想认识，充分认识建设全国统一大市场对于我国构建新发展格局的重要意义。二是科学组织实施，成立新片区统一大市场制度创新试点工作领导小组，保障试点工作稳步推进。三是完善激励约束机制，研究各项制度创新试点工作的成效监督标准体系。

（二）做好区域互联互动

一是推动质量基础跨域联通，加强国际交流与合作，加大事中事后监管改革创新力度。二是推动要素一体化建设，推进水权、排污权、用能权、破排放权及知识产权、数据资产等各类产权公开交易。三是加强营商环境区域合作。深化长三角"一网通办"，推动共建长三角知识产权交易运营平台，共同打造高水平营商环境示范区。

（三）分阶段进行制度推广

一是在其他"试验田"性质特殊区内优先试点"复制粘贴"模式。促进临港新片区试点经验在上海市域范围、长三角范围的推广联动，共建共享。二是加强在全国经开区、高新区等协同发展区经验分享宣贯，共同探索"引入+本地化"模式。使临港新片区试点经验可以有针对性的政策效应。三是在长三角区域一体化基础上，联合京津冀、粤港澳等区域探索"携手共进"创新模式，从而形成区域间功能错位互补，实现携手共进。

（孙蔚、彭元、田苗、雷静琦、刘泉林、黎悦童、石炜昕、秦春、钟成林）

虹桥国际开放枢纽建设一周年评估研究

2021年2月，《虹桥国际开放枢纽建设总体方案》（以下简称《总体方案》）正式获批，标志着虹桥国际开放枢纽正式开启新的发展篇章。目前，虹桥国际开放枢纽已正式建设运行满一年。为了总结区域建设的成效、发现方案落实过程中的瓶颈难题、指导下阶段工作，上咨集团从第三方角度开展综合评估工作，重点对上海市域范围情况予以综合评估。

一、评估工作开展

关注开放创新的新特点。 2021年浦东高水平改革开放加快推进，社会主义现代化建设引领区意见的行动方案落实。临港新片区总体方案明确的78项制度创新任务持续落地，新片区自主发展、自主改革、自主创新活力更足。长三角生态绿色一体化发展示范区累计形成78项制度创新成果。至此，上海依托浦东新区、临港新片区、一体化示范区和虹桥国际开放枢纽四大战略平台，已基本形成"大虹桥""大浦东"互动并进、比翼齐飞的生动局面。

采用多维的评估视角。 为全面反映虹桥国际开放枢纽建设的成绩和问题，课题组采用了"5+3"的评估框架，即围绕《总体方案》从"功能建设、平台打造、产业布局、双向开放、互联互通"五个方面，紧扣"高质量""一体化"，分"任务落实""效果反馈""带动效应"三个层次开展分析和评估，做到多维度、多层次审视虹桥国际开放枢纽建设工作。

使用多元的工作方法。 对照《总体方案》梳理了上海83项重点任务、29项创新政策、33个功能性平台、13个重大项目的推进情况。同时，全面整理各区及各单位自评资料、汇总典型案例情况，赴虹桥国际中央商务区、长宁区、闵行区、青浦区、嘉定区、松江区、金山区实地调研并组织专题会听取企业、专家意见。与市发展改革委、虹桥国际中央商务区管委会、市商务委、市交通委等部门及中国银行等金融机构进行深入沟通，并对上海自贸试验区临港新片区、海南自由贸易港、北京市服务业扩大开放综合试点示范区、前海深港现代服务业合作区等对比分析。此外，还开展了问卷调查，全面反映社会对虹桥国际开放枢纽建设的感受。

二、总体进展情况评估

（一）方案任务全面落实

工作框架推进有力。 成立"上海市虹桥国际开放枢纽工作推进组"，由常务副市长担任工作推进组组长，相关市领导担任副组长，办公室设在市发展改革委，工作推进共涉及委办局及区等共34家成员单位。更名后的虹桥国际中央商务区在总体延续现有工作推进体制的基础上，进一步加强虹桥国际中央商务区管委会作为市政府派出机构的统筹协调职能。核心区涉及的四个区也围绕虹桥国际开放枢纽建设进一步强化工作机制，如长宁区在临空办基础上成立东虹办，嘉定区将北虹办实体化运作。

总体任务落实高效有力。 83项重点任务中79项已落地并取得进展，落地率高达95%；3项已在协调，有望近期落地，包括虹桥保税航空维修服务开展、虹桥机场空运整车进口口岸资质申请、加强虹桥机场与周边机场协作；1项需进一步深化研究，即优化拓展虹桥机场国际航运服务。

"三个一批"落实高效。 29项创新政策落实成效显著。其中26项已落地，落地率达90%；2项已在协调，有望近期落地；1项需进一步深化研究。已在协调的2项是：虹桥开展航空保税维修业务请示现已上报国家商务部，虹桥机场空运整车进口口岸资质申请增设请示已向国务院报送。33个功能性平台已落地并取得进展，完成率达100%。13个重大项目推进顺利有序。

（二）区域经济运行趋好

核心区成为强劲活跃增长极。 虹桥国际中央商务区作为虹桥国际开放枢纽的核心承载区，"大虹桥"的显示度、引领力和竞争力持续提升。数据显示，2021年1—12月，虹桥国际中央商务区税收收入增长快于全市十多个百分点，规模以上工业总产值同比两位数增长，外商投资合同额、外商投资实际到位金额同比增幅均高于全市平均水平。

联动区对全市经济贡献明显。 联动六区充分发挥主观能动性"比学赶超"，整体呈现快速增长态势。数据显示，2021年1—12月联动区地区生产总值在全市占比近1/3，规模以上工业产值、规模以上服务业营业收入、社会消费品零售总额占比均超过30%。

经过一年发展，虹桥国际开放枢纽形成大量国内外人流、货物流和资金流的集聚，创新型、服务型、开放型、总部型、流量型"五型经济"初显集成之势。通过公众问卷调查发现，各方对虹桥国际开放枢纽发展总体表示满意，总体满意率在80%以上；超60%的调查者对虹桥国际开放枢纽未来发展表示非常看好。同时，社会各方关注度也不断提高，从各方公众号到央媒、市媒等各级媒体，"大虹桥"露出频次急速增加。

专题报告 02

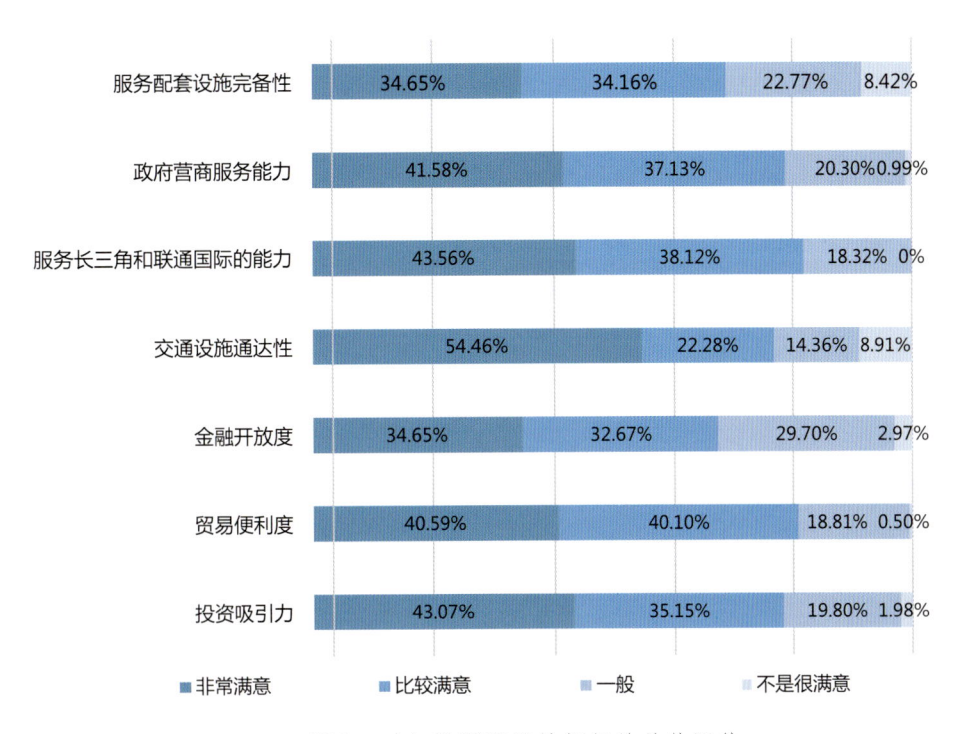

指标	非常满意	比较满意	一般	不是很满意
服务配套设施完备性	34.65%	34.16%	22.77%	8.42%
政府营商服务能力	41.58%	37.13%	20.30%	0.99%
服务长三角和联通国际的能力	43.56%	38.12%	18.32%	0%
交通设施通达性	54.46%	22.28%	14.36%	8.91%
金融开放度	34.65%	32.67%	29.70%	2.97%
贸易便利度	40.59%	40.10%	18.81%	0.50%
投资吸引力	43.07%	35.15%	19.80%	1.98%

图 1　对虹桥国际开放枢纽的总体评价

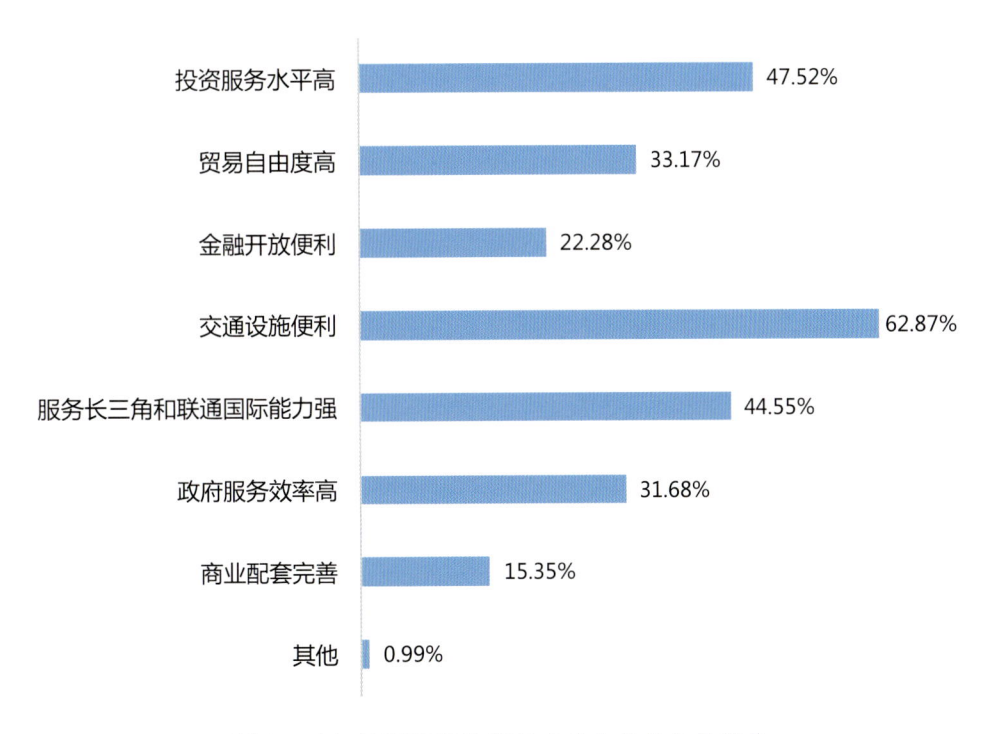

竞争优势	占比
投资服务水平高	47.52%
贸易自由度高	33.17%
金融开放便利	22.28%
交通设施便利	62.87%
服务长三角和联通国际能力强	44.55%
政府服务效率高	31.68%
商业配套完善	15.35%
其他	0.99%

图 2　对虹桥国际开放枢纽竞争优势的总体评价

075

二、具体工作效果评价

从功能建设来看，虹桥国际开放枢纽瞄准全球资源配置功能、开放枢纽门户功能，通过"强会展、聚总部、优服务"持续壮大发展动能，进一步提升服务长三角、辐射全国、联通国际的能力，成为全球高端资源要素集聚配置的新通道。目前，已初步形成国际会展、高端服务、总部经济三大特色功能，呈现高规格国际会展活动、高能级会展市场主体、高质量企业总部机构集聚的良好态势，会展活动、总部企业、专业服务等要素吸引强调内外兼顾、上下联动，对内吸引集聚和对外辐射带动作用同步推进，充分彰显虹桥国际开放枢纽在提升全球资源配置功能、开放枢纽门户功能中的独特作用。

从平台打造来看，虹桥国际开放枢纽持续放大进博会外溢带动效应，充分发挥国际化、高能级、开放性平台优势，促进企业更好利用国内国际两个市场、两种资源，成为国内国际双循环战略的新链接。目前，进博会已发展成为一个汇总先进性产业的平台，一个集聚辐射的枢纽，高能级贸易平台主体、全球数字贸易港、虹桥国际人才港也实现了资源要素高效配置，在进出口商品展示交易、国际人才服务等方面擦亮虹桥品牌，在技术引进、产业升级、人才汇聚上独显优势，实现国内国际循环相互促进。

从产业布局来看，虹桥国际开放枢纽围绕核心功能既形成各联动区产业高质量差异化发展，又突破行政壁垒实现产业集群一体化发展，通过产业分工融合推动区域产业布局的重塑优化，成为服务长三角一体化国家战略、构建新发展格局的强劲活跃新动能。目前，各地结合功能定位推进产业差异化发展，已探索开展了多个层面、多种形式的跨区域产业合作，显现多业态汇聚的发展态势，并对核心区的国际贸易平台功能提供坚实的产业支撑。

从双向开放来看，虹桥国际开放枢纽通过服务长三角和联通国际，推动长三角产业联动、企业互动和资源流动，打响虹桥国际品牌，带动"一核两带"区域提升国际影响力和吸引力，成为引领长三角更高水平协同开放的新引擎。目前，已通过机制共设、平台共建、资源共用、服务共享、环境共优、品牌共创等紧密长三角联系、强化国际联通。苏州、嘉兴、太仓等长三角城市借力虹桥国际开放枢纽实现资源能级新飞跃。

从互联互通来看，虹桥国际开放枢纽通过建设高水平、紧联系的交通网络体系，形成机场、高铁、轨交、道路、港口协作机制和综合交通网络，成为联动国际国内综合交通的新门户。目前，虹桥综合交通枢纽功能日渐完善，"轨道上的长三角"建设不断深入，两带城市从接轨上海迈入同城融入。

三、后续发展面临挑战

对照战略目标，虹桥国际开放枢纽在核心功能集聚辐射、空间发展支撑功能实现、跨区域产业协作、政策见效细化等方面还有提升空间。其中，**在核心功能集聚辐射上**，虹桥国际中央商务区服务贸易、数字化交付服务进出口额占比不高，交易平台国际影响力仍显不足，拥有国际话语权、定价权和影响力的贸易品类、贸易形态仍有较大提升空间。同时，商务区进出口商品贸易额、社会消费品零售总额、商品销售总额在全市占比不高，一定程度表明贸易产业链动力核心作用不凸显，要素配置能力和辐射带动能力有限，未来挖潜空间巨大。**在空间发展支撑功能实现上**，虹桥国际中央商务区四片区开发节奏、空间发展等不甚均衡，整体产城融合程度仍有待提高。区域旅游中转流、周边过境流、区内通勤流、日常商务流、短时观展流碰头交汇，交通通畅性仍有提升空间。**在跨区域产业协作上**，虽然虹桥国际开放枢纽产业亮点不断涌现，但枢纽产业体系尚未健全。产业发展方向较为分散，产业体系及产业生态圈还未健全。商务区内部各片区之间功能定位、协同分工尚待明晰，在功能定位、职责分工、战略重点等方面同质化、共性化情况较为明显。此外，部分政策落地见效还需进一步细化创新。

四、下一步建议

随着长三角一体化国家战略深入发展，虹桥的战略优势将更加凸显、战略纵深将不断拓展，可以在更广空间、更大范围内整合资源、放大优势、协同发展。

一是强化核心功能，发力"五型经济"。 对标强化"四个功能"需要，通过赋能高能级平台、引入高能级品牌、汇聚高能级总部、培育高流量项目、集成高专业服务全面发力"五型经济"。

二是全面统筹发展，完善城市功能。 强化规划引领，全力推进空间重塑，加快推进《虹桥国际中央商务区国土空间中近期规划》编制。强化项目推进，优化内外交通体系，虹桥国际中央商务区涉及四区联合编制交通专项规划。

三是强化产城融合，促进城市品质提升。 聚焦虹桥国际中央商务区，优化"职住商"用地结构，加快公共租赁住房和人才公寓规划落地。加强土地利用的功能混合，增设高品质公共服务设施，提升和完善虹桥国际中央商务区整体社会服务配套功能。提升城市管理精细化水平，营造国际化商务服务生态。

四是政策同向发力，释放创新活力。在贸易领域，将进博会期间创新政策分批次延伸至以进口为主题的国际知名展会及"6+365天"常年展销平台。加大国外新药器械落地支持力度。探索在跨境电商、工业互联网、医疗服务等领域制定低风险跨境流动数据目录。对社会办医疗机构甲类设备配置实行计划单列、额度控制。**在金融领域**，鼓励商业银行采用知识产权质押、预期收益质押等融资方式，为促进国际贸易、发展数字贸易等提供创新金融产品服务。研究推动互联网版权保护、商业秘密保护等在虹桥形成应用场景。**在人才领域**，探索专业人才认定机制，争取市级人才引进等支持事项落地虹桥国际中央商务区。先行先试在华永久居留人才享受市民待遇、外籍人才单独参加职工医疗保险。此外，推动服务业扩大开放在重点园区示范发展，如选取重点园区试点数据跨境流动，探索建立与之匹配的数字贸易监管体系。支持自动驾驶测试平台、氢燃料电池汽车场景应用等在商务区重点区域开展试点。

（吕海燕、缪艳萍、高飞、王艳茹）

上海市乡村振兴投融资热点研究

一、研究背景

自党的十九大提出乡村振兴战略以来，按照"产业兴旺、生态宜居、乡风文明、治理有效、生活富裕"战略要求，上海市制定了一系列规划政策及配套政策文件，明确了上海实施乡村振兴战略的思路、目标、步骤、措施等，推进乡村振兴战略全面实施，促进农业全面升级、农村全面进步、农民全面发展，加快农业农村现代化。

为落实好乡村振兴国家战略，《上海市国民经济和社会发展第十四个五年规划和二〇三五年远景目标纲要》提出将全面推进乡村振兴战略，促进城乡融合发展，以"美丽家园、绿色田园、幸福乐园"（以下简称"三园"）建设为抓手，建设充满活力的超大城市美丽乡村、未来发展战略空间和核心功能重要承载地。

为了做好乡村振兴工作，本研究聚焦当前上海乡村振兴领域明确的重点工作、重点项目，梳理乡村振兴发展现状及存在问题，分析投融资重点难点问题，提出相关工作措施及建议，借鉴已有案例和创新经验，形成乡村振兴可行的投融资方案，更好地服务上海市乡村振兴工作。

二、上海市乡村振兴发展现状

（一）乡村振兴发展现状

自 2017 年中央农村工作会议对实施乡村振兴战略做出总体部署后，上海市制定了一系列规划政策及配套政策文件，明确了上海实施乡村振兴战略的思路、目标、步骤、措施等，落实各项关键举措，初步形成了以规划为引领、政策为支撑、项目为基础的实施乡村振兴战略制度框架体系。2022 年 7 月，上海市农业农村委员会、上海市财政局印发《上海市乡村振兴专项资金管理办法》（沪农委规〔2022〕5 号），明确了专项资金支持范围及方式、预算管理及资金拨付、监督管理和绩效评价等，进一步深化涉农资金统筹整合，提供财政资金使用绩效。2022 年 8 月，上海市人民代表大会常务委员会公布《上海市乡村振兴促进条例》，旨在全面实施乡村振兴战略，促进农业全面升级、农村全面进步、农民全面发展，加快农业农村现代化。

自提出乡村振兴战略以来，上海市乡村产业提质升档，积极构建与超大城市相适应的乡村产业体系。农业科技创新能力和装备水平、现代农业产业技术体系、农业产业化企业总销售额、休闲农业和乡村旅游均得到了进一步提升与优化。同时，积极推进村庄布局规划、郊野单元村庄规划编制工作，启动实施并推进农民相对集中居住，推进村容村貌提升、垃圾治理、农村生活污水处理、"四好农村路"建设、村内道路硬化等12大类工作。乡村面貌持续改善，乡村文明、乡村治理、乡村生活等大幅度提升。

（二）乡村振兴建设重点领域

"十四五"期间，上海市乡村振兴建设重点围绕"三园"建设展开，其中，"美丽家园"聚焦农业农村规划，风貌管控，人居环境整治，全面提升农村环境面貌，乡村振兴示范村和美丽乡村示范村建设，农民相对集中居住等重点工作；"绿色田园"聚焦调优农业产业结构，推行农业绿色生产方式，强化科技装备支撑，推动数字农业建设，创新现代农业经营方式，培育农业知名品牌，推动乡村产业融合发展等重点工作；"幸福乐园"聚焦完善党组织领导的乡村治理体系建设、壮大村集体经济、城乡公共服务均等化等，乡村文化发展、建设文化设施，农村集体产权制度改革、农村承包地改革、宅基地"三权分置"改革等工作。重点项目及工程见表1。

表1 "十四五"上海市乡村振兴重点建设项目及工程

序号	项目名称	备注
2022年上海市重大建设项目投资计划表	保障房和租赁房建设	
	大型居住社区外围市政配套项目	
	郊区污水处理污泥处置工程（安亭、南翔、西岑、堡镇、新河、松江西部污水处理，嘉定污泥处理处置）	
	郊区垃圾资源化利用项目（宝山、闵行、崇明、奉贤、嘉定、松江、青浦等区湿垃圾集中处理设施）	
	崇明世界级生态岛建设（环岛景观道、公共码头、反帝圩泵闸、上实东滩基础设施开发等）	
	墨玉路—山周公路—千新公路	
	嘉松公路越江新建工程	
	沪南公路（G1503—康花路）改建工程	
	大叶公路—叶新公路	
上海市乡村振兴"十四五"重大工程——绿色田园工程	浦东生鲜蔬果产业片区	
	金山特色果蔬产业片区	
	金山农旅融合产业片区	
	崇明现代畜禽养殖产业片区	
	崇明高端设施农业产业片区	
	嘉定数字化无人农场产业片区	

（续表）

序号	项目名称	备注
上海市乡村振兴"十四五"重大工程——绿色田园工程	松江优质食味稻米产业片区	
	奉贤东方桃源综合产业片区	
	青浦绿色生态立体农业片区	
	宝山乡村康养产业片区	
	闵行都市田园农业片区	
	光明现代种养循环产业片区	
	横沙东滩现代农业产业片区	
上海市乡村振兴"十四五"重大工程——美丽家园工程	农村人居环境优化工程	完成3.6万户农户的村庄改造；深化农村垃圾分类和收集模式，推动湿垃圾就地资源化利用设施建设和配套装置升级；提升农村生活污水处理水平，推进老旧设施提标改造；推进生态清洁小流域建设等
	建设市级美丽乡村示范村和乡村振兴示范村	到2025年，完成300个以上市级美丽乡村示范村、150个以上乡村振兴示范村建设任务
	农民相对集中居住和提升乡村风貌	确保完成2022年5万户目标任务
上海市乡村振兴"十四五"重大工程——幸福家园工程	农村公路提档升级	至2025年末，累计完成3 200公里农村公路提档升级改造；乡村振兴示范村、市级美丽乡村示范村至少有1条"四好农村路"示范路
	实施城乡学校携手共进计划	
	开展农村养老提升行动	至2025年末，农村养老示范睦邻点建成量3 000个
	推进农民长效增收计划	
各区重大工程——嘉定	村庄道路改造	41项改造计划，总投资约10.5亿元
	农村生活污水处理工程	41项，总投资约6亿元
	美丽乡村创建项目	2021年起启动25个村，总投资约15亿元
	乡村振兴区级项目	重点围绕河道整治、农田林网、小农水、环卫设施、日照中心等条线整合项目和自筹项目开展建设，完善基础设施和公服设施，改善农村人居环境，总投资约19亿元
各区重大工程——青浦	村庄改造项目	总投资约1亿元
	"三万六千"工程	"三万"即一个万亩粮田立体循环农业示范区，一个万亩粮田全产业链示范园，一个万亩茭白绿色生产示范区；"六千"即一个3千亩草莓绿色生产核心示范基地（白鹤）、一个3千亩蔬菜标准化生产基地（朱家角镇、练塘镇）、一个3千亩渔业绿色生产示范基地（金泽镇）、一个1千亩林下菌菇复合生产示范基地（练塘镇）、一个1千亩特色水果示范基地（金泽镇、现代农业园区）、一个1千亩花卉景观示范基地（现代农业园区）
各区重大工程——松江	云间吾舍田园综合体	
	浦南乡村旅游建设	

三、乡村振兴投融资模式

（一）产业发展带动乡村振兴模式

在乡村振兴发展中，针对乡村建设资金缺口较大、乡村振兴人才缺乏、二三产业用地指标不足等问题，建议通过"农民相对集中居住＋相关产业开发收入＋借款人综合收益"的模式取得相关金融机构的融资支持。

此融资模式在实际运用中，建议先行统筹考虑已经主管部门认定的项目。该模式既解决了农村"三线"农（居）民搬迁、相对集中居住资金短缺、落地难问题，又同步解决了历史违规、零散工业用地整合、园区转型的资金困难，减轻镇财政支出压力，在规避政府隐性债务风险的同时，推动大批量安置房建设，进一步释放土地空间，改善农民生活条件，推动乡村的可持续发展。

图1 大虹桥·美谷乡村振兴一期项目

（二）政府与社会资本合作模式

政府与社会资本合作（PPP）模式是推进乡村振兴的重要抓手，可有效发挥社会资本市场化、专业化优势，提升农业现代化水平，助推乡村基础设施全面提档升级，激发农业创新活力，促进农民就业增收，牵引城乡间要素流动和三产融合，彰显财政政策在农村地区的积极有为。在乡村振兴领域，PPP模式可应用于农村污水垃圾处理、废弃物资源化利用、畜禽粪污处理等美丽家园建设领域或农村公路、农村教育等幸福乐园建设领域。

通过政府授予特许经营权吸引社会资本投资，实施过程中，由地方国企与社会资本合资组成的项目公司作为PPP项目实施主体，负责项目融资、建设、运营、维护、财务管理等工作。其中，金融机构可为乡村振兴PPP项目提供资金支持，也可作为社会资本直接参与项目投资。

四、乡村振兴建设难点问题

（一）农民相对集中居住项目资金不足

农民相对集中居住在乡村振兴全局中处于关键位置。只有优化布局，实现节地、风貌有效管控，才能切实改善农民居住条件，助推产业发展。尽管现行农民集中居住政策在市、区资金支持力度上已有一定幅度的提升，但受土地、人工、材料等成本上涨的影响，资金平衡压力仍然较大，镇村面临较大的财政压力，且捆绑地块出让受到房地产调控政策影响，导致项目推进缓慢。

（二）乡村振兴项目信用结构缺失

国家政策规定，农民没有资格抵押土地，而农民自身的资产并不充足，导致农民在需要金融信贷时，难以获得资金的支持。涉农金融产品供给不足，新型农业经营主体由于抵御风险能力弱、有效抵押资产少等，缺乏担保抵押，同样面临融资难问题。

（三）乡村振兴项目现金流不足

部分乡村振兴项目，如农村道路、供水污水管网、社区建设、生态修复治理等项目，以公益性、功能性为主，前期投入大，基本无法为企业产生利润，且长期运维的支出费用也较高，未能形成有效的盈利模式，导致项目经营过程中，现金流不足，难以偿还贷款。

五、政策建议

（一）实施财政激励，鼓励国有企业参与乡村振兴

支持国有企业与相关金融机构合作，帮助农户获得融资，建议对国有企业等新型农业经营主体贷款给予贴息、补助、奖励。对于国有资本投资建设运营农村生活污水、生活垃圾治理和农业废弃物综合利用等改善农村人居环境类公共服务项目，建议财政予以优先支持。

（二）健全多元化投入机制，促进乡村振兴的可持续

健全投入机制，吸引更多社会资本投入乡村产业，形成多元化投资渠道，避免村庄建设完全依靠政府补贴。打通示范村土地资源的政策瓶颈，适当放宽乡村产业发展用地需求。强化科技支撑，聚焦农业科技装备，不断推进以大数据、物联网为核心的农业信息化建设，延伸农业产业链，发展现代农业产业体系。

（三）创新农村金融产品和模式

积极推进农村集体建设用地使用权、蔬菜大棚、大型农机具、林果苗木、农业知识产权、仓储和经营预期收益权等抵质押融资方式，扩大涉农主体合格有效抵质押物范围。优化金融服务乡村振兴方式，引导金融机构在商业可持续的基础上简化贷款审批流程，鼓励金融机构充分利用互联网、大数据等信息技术，创新农村经营主体信用评价模式，在有效做好风险防范的前提下，逐步提升发放信用贷款的比重。

（四）健全人才引入政策，吸引高校毕业生投入乡村工作

在乡村振兴人才吸引方面，既要充分挖掘、留下本地人才，也要吸引和鼓励高校毕业生到乡村工作。建立人才政策长效机制，让大学生"留下来，留得住"。培育一批基层农技推广体系中的农业技术人员和农村各类实用技术人才，提升基层农技人员的服务能力。

（张彬、杨蓓、丁章亮、张颖）

上海市城市安全韧性建设的形势、基础与建议

与全国其他六个超大城市一样，上海市城市安全韧性建设要求被写入2035年发展规划纲要中。建设安全韧性城市是中央及市委、市政府就城市发展态势及自然环境变化趋势所做出的顶层导向，也是统筹发展与安全的具体表征。《上海市综合防灾减灾规划（2022—2035年）》已由市政府常务会议审议原则通过，在城市安全韧性建设初年，有必要进一步在城市安全韧性建设的形势、基础分析之上，开展相关的建议型探讨。

一、上海市城市安全韧性建设的导向形势是明确的

近三四十年来，我国各领域发展都离不开城市化。城市化是工业化的载体、市场化的平台和国际化的舞台。第七次全国人口普查结果显示，中国的城镇化率为63.89%，根据一般的城镇化规律，我国城镇化还处在较快发展区间。但由此带来的人口、资本、经济、设施等高度聚集所引发的城市病已经不容忽视。根据应急管理部的相关资料，我国是世界上自然灾害最严重国家之一，每年受灾害影响的人口约2亿人，城市运行安全压力比较大。党的二十大报告将应急管理体系纳入到国家安全体系之内也是基于这一现状的考虑。

上海作为我国城市群发展龙头之一，城市运行安全问题历来受到市委、市政府的高度重视。2020—2035年是上海建设成为更可持续韧性生态之城的关键发展期。双循环新发展格局下，《十四五规划纲要》提出："统筹传统安全与非传统安全，全面提升城市运行的功能韧性、过程韧性、系统韧性，构筑城市安全常态化管控和应急保障体系"。守牢城市安全底线、加强防灾减灾体系和能力现代化建设的责任重大、任务艰巨、时间紧迫。

一方面，城市安全韧性建设是构建发展新格局的要求。城市运行安全发展要主动服务和融入新发展格局，增强风险意识和机遇意识，加强全局性谋划和战略性部署，支撑保障上海经济社会高质量发展。

另一方面，人民群众对美好生活的向往对城市运行安全韧性提出新需求。在发展中要保障和改善民生，响应人民需求，紧扣和谐宜居，加大差异化和高端化供给，推动城市全面发展、社会全面进步。

此外，建设国际大都市也要求提升城市运行安全韧性。遵循超大城市发展规律，要全面提升城市关键基础设施综合承载能力，防范事故灾害放大效应，保障城市高质量永续发展，支撑全球高端资源要素配置能力和国际大都市建设上新水平。

最后，海绵城市建设、数字城市建设以及城市更新改造中，一批新的科学技术也为城市运行安全韧性建设提供新动能。面对新的科技发展形势，要以技术创新为驱动，加快推动互联网、大数据、人工智能等技术在城市运行安全韧性中的深度应用，提升城市运行安全韧性信息化智能化水平。

二、上海市城市运行安全风险变化态势是复杂的

我们面临的城市运行安全问题不是一个线性问题，而是一个系统的、各类要素相互影响相互作用的、复杂棘轮效应突出的问题。

上海具有建筑密度高、人口密度高、经济要素密度高、工贸企业密度高、生活设施密度高的"五高"特点，一旦发生自然灾害和事故灾难，可能引发连锁反应、形成灾害链。近年来海平面抬高、平均气温升高，灾害的突发性、异常性和不可预见性不断增加，多灾种集聚和灾害链特征日益突出。致灾因子的危险性、承灾体的脆弱性、孕灾环境的稳定性评估有待突破。据气象预测，未来20年，强降水发生日数和强度都呈现增加趋势。海平面将持续上升，上游泄洪压力将持续增大，汛期天文大潮、台风增水、区间暴雨和太湖上游洪水等致灾因子"多碰头"现象时有发生。海洋灾害、雨雪冰冻、地震灾害、地质灾害、有害生物灾害、森林火灾等风险隐患不容忽视。同时，安全生产、城市生命线、各类交通、地下空间、城市火灾、自然灾害等城市运行安全风险耦合态势明显。

总体上看，上海市安全生产和城市运行面临着"黑天鹅、大白象、灰犀牛"式风险的交叠错生，风险治理、应急管理和城市运行安全韧性建设面临着复杂性和长期性并存的态势。

一方面，小概率的"黑天鹅"式突发风险日趋频发，已经超过了我们以往的认知。近年来，上海风暴潮洪"四碰头"大考不断、台风烟花已然上演，黄浦江干流及主要支流、苏州河上游刷新历史最高水位，2022年入夏以来本市遭遇破纪录酷暑。

另一方面，量大面广、长期积累的"大白象"式潜在风险隐患潜滋暗长，已经在冲击城市的安全承载力。上海经过数十年跨越式超常规发展，部分设施设备超期服役，建筑外墙及饰面老化坠落，轨道交通强度越来越高，城市生命线管网面临老化或外力破坏，城镇燃气事故偶有发生。

最后，叠加态势明显的"灰犀牛"式风险对城市的冲击更大，已对城市运行安全发起挑战。上海沿江、沿海区域自然灾害应对压力居高不下；高强度开发与城市生命线不均匀沉降问题的冲突持续增长。自然灾害、施工安全、公共卫生等风险耦合导致危机加剧；石化和化工产业集聚区重大危险源规模大、数量多。一旦遭遇重大灾害，城市可能会面临水、电、通信、燃气、交通等城市生命线中断、大范围受困，城市服务国家的相关功能停滞的局面。

三、上海市城市安全韧性建设的基础是全方位的

过去20年，上海在实践中不断探索和完善，通过领域、时段、环节全覆盖，积累了大量具有上海特点的城市安全管理经验。

在无缝安全责任网的建设上，除了传统的"两级政府、三级管理"体制外，上海于2005年就开始建立应急管理单元制度，将10个重点区域和高危行业重点单位确定为市级应急管理单元，各区也相应建立了38个区级应急管理单元。通过组织体系、应急预案、应急保障、工作机制、指挥信息平台"五要素"，来实现"条（委办局）、块（区政府）、点（应急单元）"相结合、全覆盖的应急管理责任体系。

在街道（乡镇）等基层应急能力建设上，2016年市政府办公厅印发《关于进一步加强街镇基层应急管理工作的意见》，提出了街道（乡镇）应急管理"六有"（有班子、有机制、有预案、有队伍、有物资、有演练）建设的具体内容。2021年出台了上海市地方标准《城镇防灾减灾指南》，该标准进一步将防灾减灾工作要求延伸至居（村）、居民小区（村民小组）层级，推进应急管理向基层延伸。

在重大风险防控机制建设上，2015年上海市政府印发《关于进一步加强公共安全风险管理和隐患排查工作的意见》，建立健全风险评价、隐患排查、市民举报、信息管理、整改治理等工作机制，推进应急管理从"应急处置"向"风险管理"转变。2017年，为有效应对轨道交通大客流，上海建立了轨道交通车站应对大客流"四长联动"应急处置机制。"四长"即：轨交车站地铁站长、轨交公安警长、属地派出所所长和属地街镇长。经过多次的实践检验，该机制发挥了很好的作用。

在极端天气灾害防御体系建设上，上海依照习近平总书记对气象工作的重要指示，牢筑气象防灾减灾第一道防线。针对台风、雷暴雨等极端天气，建立了气象灾害风险预警业务体系，影响预报和风险预警服务覆盖城市内涝、交通、航空、海洋、健康等重点领域。同时积极推进海绵城市建设，采取"渗、滞、蓄、净、用、排"等措施，构建低影响开发雨水系统，有序扩展城市可渗透地面面积，提高本市抗内涝能力。

在重要时段、重要节点的安全管理上，各级政府针对人群高度集聚这一特点，加强风险研判分析，严格落实各项安全防范措施。如世博会期间，上海充分挖掘周边城市的综合资源，通过多渠道合作分流游客的居住压力和接待压力，实现了风险分散。交管部门加派力量做好域内高速公路、主干道路安全保畅，保障城市公共交通运营安全。消防部门加大人流密集场所和重点单位的消防检查执法力度。进博会期间，上海市应急局、市住房城乡建设管理委等部门协调行业协会、保险企业和社会各方力量，形成了一套"标准化管理＋社会化风控＋清单化监管"的会展行业安全管理办法。

在市场机制多元共建方面，上海于2012年在危险化学品领域全面推广安全责任保险，引入第三方组织为投保单位提供防灾防损服务。2015年，上海保监局联合上海市金融办、上海

市气象局共同开展巨灾保险课题研究，探索建立上海巨灾保险制度及相关风险分散机制。2018年5月，上海市巨灾保险试点工作在黄浦区正式启动。2018年8月12日，南京东路店招掉落致死3人，巨灾保险第一时间启动理赔程序，快速定损和赔付，极大限度地化解了社会矛盾和不利影响。黄浦区淮海中路积极开展先行先试，针对巨灾保险、社区综合责任险以及公众责任险所不能覆盖涉及的范围，设计了街道救助综合保险以填补相应的空白。

四、上海市城市安全韧性建设的建议

城市安全韧性建设是一项系统工程。2018年应急体制改革以后上海市城市综合防灾减灾、应急管理稳步发展，虽然以防为主的理念已经深入到各个领域，但各自为战的局面还未完全打破，系统的、合力的工作局面还未完成。因此城市安全韧性建设还需标本兼治、系统防范，将非工程与工程措施结合起来，才能提升城市在各种情况的防、控、救能力。

一是将外环以内的上海主城区作为一个整体的国土空间组团，打造上海市中心城区综合防灾减灾安全韧性。

第七次人口普查结果显示，上海中心城区人口密度为每平方公里23 092人，与郊区人口密度比为7.68∶1；而第一次灾普成果显示，中心城区所面临的灾害事故风险有一定的共性和相同之处，主要集中在台风危害、强降雨、内涝、极端天气等方面。

《上海市综合防灾减灾（2022—2035年）》将全市划分为"16+5"个二级分区，受限于行政体制，这16个行政区在规划建设过程中不易体现出常态下的区与区之间、街道与街道之间的资源、信息共享，非常态下的疏散、救援共通。然而，台风、强降雨、内涝等灾害不会只单独攻击某一个行政区，因此，我们面临着一个如何实现中心城区综合防灾减灾工作共建共治共享的现实问题。

二是在规模以上的大型生产经营单位全面开展双重预防机制建设，并用好产业链、供应链机制，将安全生产主体责任进行经济上的传导落实。

早在2016年，习近平总书记就提出"必须坚决遏制重特大事故频发势头，对易发重特大事故的行业领域采取风险分级管控、隐患排查治理双重预防性工作机制"，就是要去解决那些"认不清、想不到"的问题。推进生产经营单位主体责任落实，强化主要负责人安全职责落地，要抓好双重预防机制建设这个牛鼻子。

目前，部分企业还存在"两层皮"的现象，而且比过去更加隐蔽、更加不易察觉。以前是制度与实操两层皮，牌子在门口、制度在墙上，生产上该怎么做还是怎么做，习惯性违章现象突出。现在是风险分级管控与隐患排查治理脱节，风险分级管控一张皮，隐患排查治理一张皮，你搞你的，我搞我的，现实工作依靠的还是传统办法和既有经验。

三是将城市大应急管理体制机制进一步延伸到底，并用好各类信息化技术，在基层推进"工作留痕"与"管理实效"之间实现创新性平衡。

目前，在街道（乡镇）层级的三定方案里没有公共应急这一块，这导致对应的职能架构分散，统筹薄弱；在基层应急管理体系方面，一是市、区、街道三级管理有典型的"倒三角形"特征，即上层人员配置较多，而越往下人员越少。此外，基层社区工作内容涉及方方面面，内容多，一方面要直面市民，解决各类问题，另一方面也面临上级检查、材料汇报等工作，整体上工作压力大。

全上海一共有6 000多个社区，常态下矛盾有缓冲的时间和空间，但一旦遭遇如疫情封控这样的极端事件，这就是6 000多个主战场。如果没有应急指挥，只靠自发自组，应急效能必然打折扣。

四是加强较大及重大风险的监测监控能力，但同步也要加强管理与系统性能力的提升，不能只重硬件不重软件。

风险监控技术水平不等于风险防控水平。风险监控技术能力是风险防控能力的一部分，属于硬能力。但风险防控效能是软硬实力的结合，是人、机、管的综合。除了相关参数监测以外，还存在防控体制、责任主体、协调机制、标准配套等内容。

理想的监控系统是智能的。比如城市地下管网大数据实时分析预警系统，其最终的理想状态是：管线有问题系统能预警，管线要改造更新系统能提醒，管线有故障系统能调控，管线出事故系统能关阀。然而现实中，尚不具备这种智慧化的监控系统，并且这样的系统也会存在老化、失灵的问题，我们不可以太过于依赖这些监控系统。

五是进一步打破信息鸿沟，推动应急管理大数据赋能，推进城市"一网统管"向"一网智管"转变。

信息鸿沟是客观存在的。这和风险防控的专业性有关。消防、地震、水务、海洋、气象、规划这些部门的背后至少有50年的学科建设，有两三代人的专业基础。大数据赋能的流程是"采、聚、析、用"。数据采集环节，传统的水文、气象、地震风险比城市生命线、桥梁设施等监控得要好。目前数据基本趋向汇聚到城运中心，而基于风险防控的数据分析、合成应用、预警监测、智慧应急还没能一网统起来。大事故大事件因素很多，小事故隐患量大面广会推动极端情况变化，现行城运平台与全覆盖实时感知、分色预警、分级响应、分类处置的要求差距较大。

城市安全是必须牢牢守住的底线。数字城市建设应先行开展城市安全数字建设。前端采集、无线基建、算法研发、算力提升、模型研判、三维呈现等技术需加强统筹，同步推进，避免水桶短板效应。短期内应重点加强城市重要风险监测预警、极端情况下的快速现状评估能力、事故事件智慧应急；长期看，面向2050年，依靠大数据有望发现结构性、系统性、全局性的风险，而这些风险可能就是灾害事故、社会治安、公共卫生、恐怖袭击、金融动荡等极端情况发生的苗头。

（尹小贝　同济大学城市风险管理研究院）

试论如何通过社会建设增强城市发展社会韧性

韧性城市建设的重要意义在于，增强城市发展应对各种风险挑战的能力和恢复力，从而支持实现可持续发展的目标。新冠疫情进一步说明了城市韧性的建设的必要性。现代社会是高风险的社会，必须将韧性建设纳入城市发展的整体体系，增强应对风险的韧性建设。这对于增强对灾难的承受能力和减缓灾难的冲击，阻止灾难风险的扩散和更快地从灾难中恢复起来都是重要的。韧性建设首先包括基础设施、交通道路、实证设施等硬件条件的改善，同时需要经济韧性建设、制度韧性建设、社会韧性建设等综合体系的完善。其中的重要方面，是城市发展需要通过社会建设增强社会韧性，促进社会系统的结构性调整，增强社会在面对风险挑战时的应对能力。

一、加强社会投资

改革开放以来，相对于经济快速发展，社会事业和健康服务的发展相对不足，构成发展的短板。以往的投资往往重视生产性投资和产业发展，新冠疫情的启示是一定程度上显示出城市社会设施建设和社会资源积累不足。社会韧性建设需要重视社会投资，投资于社会设施、公共服务等社会项目，投资于人力资本和社会资本的积累和发展。

社会投资不足削弱了应对突发行为危机的应对能力，并内生出发展的风险。就疫情危机来说，城市在人口增长过程中带来疾病风险集聚，疫情爆发的原因是疾病风险不能得到有效管控，是由于人口增长和城市管理服务能力的不平衡。妥善控制超大城市发展的风险，需要增强社会投资，加强对城市运行的管理和服务能力，从而加强对风险的管理能力。在后疫情时代，为了实现更加安全的社会，需要增加公共卫生投入，提高每千人床位数的供给，增强医院体系的建设，促进健康服务体系和改善生态环境质量。

在后疫情时代增强社会投资也提醒我们需要重新认识城镇化的本质。改革开放以来，城镇化发展相对重视经济生产过程、重视土地的经营和资本运作、重视投资和产业发展。新冠疫情则告诉我们，城镇化的本质不单单是财富积累，其根本目的是人民的生活幸福和民生福利的提高。人民的健康、安全和福利如果不能得到充分保障，就会偏离发展的目的。教育、卫生、健康、生态环境的发展等等是城镇化的根本目的，城镇化需要追求的是人的城镇化。而实现人的城镇化，就要求在城镇化过程中增强对人的投资，增强对城乡社会发展的投资。

（一）硬的社会投资

通过社会投资增强社会韧性，一个方面是"硬的社会投资"。在城乡建设中，不仅要发展"五通一平"及交通枢纽、机场等基础性建设，也需要进行教育、卫生、生态环境、公共安全等社会设施建设，才能在面临风险挑战时具有充裕的公共服务供给和安全维护。例如在城市的空间规划和投资中，需要对单位空间面积、单位服务人群的医疗场地、床位数等有充分的配置。而且其配置的标准要相对充裕，才能在面对较大突发性事件冲击时有更充分的应对余地。

社会设施的投资有助于提高应对风险的韧性，而社会设施建设本身也需要具有一定的弹性。例如城市需要一些公园的开放空间，这些地区平时能够作为生态地，而在紧急时期，可以转化为必要的公共服务用地。一些体育场馆、文化娱乐设施等公共空间，可以根据不同人口群体在不同时期的需求实现一定的功能弹性，例如将大型体育场馆转换为机动应急性医疗救治的方舱医院，能够提高设施使用的效率。

由于居民生活的基本单位在社区，所以为了适应疫情防控常态化和提高城市治理水平，需要在社区层面推进"微基建"，通过老旧小区的更新改造、加强15分钟生活服务圈的微型商业和社会服务设施建设，能够增强社区对城市生活功能的支持能力，也有助于增强风险防范的能力。

（二）软的社会投资

通过社会投资增强社会韧性，另一个方面是加强"软的社会投资"，包括完善社会保障体系、医疗保险体系、社区治理体系等，增强对风险挑战的应对能力。例如，弱势群体在疫情中具有更高的感染率和病死率，这是与他们的社会保障和福利服务相对不足相联系，因此，通过加强社会投资，建设更加平等的医疗保障体系和救助体系，完善住房保障，以及加强对失业和贫困人口的救助，能够增强人口应对风险的承受力，避免弱势群体在风险压力下陷入更大的不利处境，也能够避免风险挑战进一步恶化社会不平等和激化社会矛盾。

为了提高社会韧性，公共财政应加强有关社会投资的安排。需要在突发公共卫生事件还没有开始的时候就进行适当的准备。相对于事后的亡羊补牢，事前的准备往往具有较少投资和能够避免更大损害的长处。例如，对医疗和健康事业发展的基本共识是，通过良好的公共卫生体系建设避免疾病发生，比疾病治疗的投资更低、效果更好，因此公共卫生管理强调"治未病"的基本策略。在新冠疫情后充分吸取经验和教训，加强公共卫生社会投资，应该更加重视准备性的社会资本，才能更好地发挥投资的效果。

通过社会投资来增强社会韧性，投资的目标要服务于所有人群，社会资源的配置需要基于所有人口群体。例如公共卫生的配置应该按照地区的常住人口数量配置，而非仅基于户籍人口数来配置，否则对于人口高度密集的地区，就会出现投资的不足。社会投资也要求制度的平等性，例如外来人口群体不能有效地进入公共卫生服务体系，这些群体就具有更大的威胁。而对于紧密联系的城市共同体来说，社会所有群体的安全才能带来城市的安全。

二、加强和创新社会治理

新冠疫情对提高城市社会韧性的第二个启示是，需要通过加强和创新社会治理增强社会韧性。社会治理体系和能力建设是国家治理体系和治理能力现代化的组成部分。对于完善社会治理和提高社会韧性，一方面需要通过治理体系培育和吸纳社会力量，另一方面需要调动社会共同体参与风险治理，这样才能建设有韧性的社会治理共同体，形成合作治理的机制。

第一，加强和创新社会治理，需要加强政府对社会事务的主导，增强政府管理服务能力。新冠疫情暴露出了当前公共卫生管理体系建设不足，并对疫情后加强政府公共卫生管理和完善应急管理体制提出迫切要求，包括完善预警机制、提高信息处置和公共决策的能力、更好发挥上下联动效应、实施不同部门的联防联治、加强不同地区的联防联治的作用。加强政府公共卫生事件的应急管理，也需要完善对社会治理的法治保障，在分级预警、分级行动下实现合理应对。

第二，加强和创新社会治理，需要充分发挥社会组织和社会工作等社会力量的作用，努力提高公众对公共事务的参与。在疫情中，不同社会群体的贡献和投入，包括社会慈善和志愿者行动，共同汇聚了救灾和抗灾的社会行动。只有在社会参与的过程中，才能将积极的社会生活运作起来，形成社会互助的网络、规则和行动，才能缓解疫情冲击，并促进疫情后的社会经济恢复。对于疫情中产生的各种问题，需要专业化社会组织的参与和应对，例如对困境家庭的救助、心理创伤和心理压力的疏导、失业带来的扶贫问题、儿童救助、疫情后地方救灾和发展，等等。通过社会工作专业化的服务，有助于识别弱势群体的差异化需求，提供精准化的服务。发挥社会自组织作用和加强政府对公共事务管理作用，二者有时会发生冲突，这就需要进一步实现对社会发展的授权，协调政府和社会的良好合作实现协同治理。

第三，加强和创新社会治理，需要基于社区生活共同体形成完善的社区治理体系。社区构成疫情风险防控的第一道防线和最基础的网格单元。在本次疫情中，我国疫情防控的重要经验和突出优势在于，在街道和居委会党组织的领导下，在社区层面上形成了有效的严防严控机制。联合国第三次人居会议提出，建设有韧性的人类社区是可持续发展的重要目标。韧性社区是以社区共同体为基础，连接内外资源、有效抵御灾害与风险，并从灾难中及时恢复、保持可持续发展的能动社区。通过社区内居委会、业主组织、物业公司、社工机构和社区商铺的联动，能够形成常态化的社区防疫互助网络。通过加强社区诊疗、发热门诊，有助于完善城市公共卫生系统。基于社区生活共同体实现疫情防控，通过社区服务圈中的服务能力提供疫情中的服务支持，能够形成共同防卫的社区，提供共同行动，共同应对风险挑战。

三、构造智能社会

第一，增强智能社会提高城市管理和服务的能力。

与历史上出现的大流感和社会应对相比，本次疫情给我们最大的启示在于，大数据、人工识别、云计算等数字技术大有可为。在疫情防控过程中，信息技术特别是大数据等数字技术，对疫情预防、溯源、监测、治疗、追踪，以及完善城市管理、物流、服务，乃至对病毒基因测序和治疗研发等方面都发挥了重要作用。

经历了疫情最初的慌乱，大数据等数字技术表现出以往瘟疫应对所无法比拟的巨大能力，很快地控制了风险扩散，并支持了在疫情冲击下的社会经济恢复。大数据有助于判断疫情中的风险和扩散趋势，通过大数据能够及时把握和预判分地区风险状况、演变趋势和空间演化，利用数据和手机信令也有助于疫情的追踪和记录，通过技术手段能够为公众社会提供疫情的风险管控，并对风险防控和社会恢复提供工具。例如一些地区通过健康码的方式，提供了疫情以后逐步恢复社会经济秩序的具体操作办法。通过信息化技术和大数据发挥疫情防控，成为我国疫情防控的重要经验。

通过互联网技术和大数据应用，一方面有效提高了信息的透明度；另一方面提高了信息的及时性，在疫情防控信息的"快速采集、实时分析、精准上报"方面具有巨大优势，既能保证信息管理的畅通、高效，又减少重复性的工作和错误信息。

这些数据开发和技术应用，进一步说明虽然在人口集聚的过程中会带来风险的集聚，但是对高密度城市的风险应对仍然可以保持相当的乐观态度。在人口密度不断提高的城市社会中，城市运行的复杂性提高，出现综合性、系统性的风险积累，城市管理的难度呈指数性发展。但是技术进步带来管理和服务能力提高，总是可以快于风险的集聚。通过信息技术的发展，人类已经有可能通过大数据来扩展智能化管理，在一个科学技术高度发展、智能化不断推进的智能社会中，可以乐观地认为，人类可以通过技术创新来深化社会管理和服务的能力。随着技术治理渗透进入社会治理，通过基于大数据的不同算法的城市管理，使得交通信息、通信信息密切结合，未来可以使城市对于风险预警、环境和避免风险的扩散形成一种智能化的管控模式，实质是一种人工智能的运行模式。

第二，发展在线经济推动智能社会的深化。

新冠疫情带来在线经济的快速发展。技术进步对于应对风险挑战和促进城市治理所表现的积极作用，在一定程度上还预示出在后疫情时代，信息化发展和大数据的开发应用甚至会产生出一些新的发展机遇。人们的购物、消费，就业的模式，娱乐模式、学习模式、社会交往和会议模式都逐步在线化，出现运用线上方式保障物资采购、远程办公、远程教学。在线化的发展，表现出经济社会运行模式的演化，正在形成后疫情社会的新的社会生活形态和产业形态。有理由相信，后疫情时代的社会发展中会出现更多的在线模式，或者说在线的模式会和线下的生活有机结合起来。技术进步推动了在线化、数据化和智能化，增强了应对挑战的韧性，也引领未来的经济社会形态的演化，与此相联系的产业创新和社会创新会表现得更加丰富，将会提高应对风险的能力，并为后疫情时期的社会发展和社会结构注入新的内容。

新冠疫情的爆发是一次全球性灾难，也可以看作是人类社会迈入高风险社会的一次集体大考。现代性的发展，意味着人类在不断创造新的发展机遇，追求创新和进步，展现出人类理性的力量；与此同时，现代性的深化使人类面临日益复杂的风险挑战，人类理性的力量仍然相当薄弱。

可以预见，本次新冠疫情以后，世界发展的各个方面将出现一系列深刻变化。为了实现可持续发展的目标，世界和国家发展除了要通过创新创造新的发展模式，同时也需要通过韧性建设应对风险挑战，对发展过程构筑保障机制。新冠疫情暴露出前疫情时代发展模式存在的一些不足，也预示了未来的发展方向。后疫情时代的国家发展需要将增强社会韧性作为社会建设的组成部分，花大力气加强社会韧性建设。社会建设不仅应致力于提高民众的福利、追求社会的公共利益，也需要维护社会的安全、应对风险和挑战，这两者都是不可或缺的。

一个有韧性的社会，是实现可持续发展的重要组成部分。通过社会建设增强城市发展的社会韧性，其本质是建设有凝聚力的社会结构和社会体系，促进社会紧密联系、有效应对挑战。这需要通过加强社会投资，加强和创新社会治理，构造智能社会，以适应现代性不断深化过程中的高风险社会，并在高风险社会中实现秩序、活力、健康和发展的持续性。人类社会有信心在一个不断强化的风险挑战中继续寻找前行的道路，通过韧性建设使人类生活得更加安全，并探索新的发展机遇和发展道路，实现人类福利的提高。

（任远　复旦大学社会发展与公共政策学院）

浅析我国基础设施 REITs 市场发展现状

REITs 全称 Real Estate Investment Trust，即不动产投资信托基金，是实现不动产证券化的重要手段。REITs 可将流动性较低、非证券形态的不动产投资，直接转为资本市场上的证券资产，投资者不需要完全购买相关资产也能实现对不动产的投资。不同于其他国家和地区的金融市场，我国 REITs 市场（以下均特指我国大陆 REITs 市场）的发展是从基础设施领域开始推进的，并最终形成了基础设施 REITs 产品市场。

本文针对现阶段我国基础设施 REITs 已上市产品展开研究，分析产品领域、底层资产规模、每股发行价格、战略配售份额等关键因素对产品市场表现的影响；结合发展实际情况，总结对市场发展过程中存在的阻碍和问题，并提出针对性的建议。

一、已有基础设施 REITs 产品情况研究

（一）发展历程

早在 2009 年初，中国人民银行就会同有关部门形成了 REITs 初步试点的总体构架，但由于我国相关法律法规仍不完备，REITs 一直未能正式启动。直至 2021 年 6 月 21 日，中国基础设施 REITs 取得突破性进展，首批基础设施 REITs 试点项目上市，我国基础设施 REITs 市场正式建立。截至 2023 年 3 月，共 27 个项目发行上市，涵盖产业园区、高速公路、保障性租赁住房、污水处理、仓储物流、垃圾焚烧发电等重点领域，具体发展历程如图 1 所示。

考虑到基础设施 REITs 底层资产的特性，其发行规模与地区基础设施建设投资体量直接相关，而该投资体量又明显与地区 GDP 总量相关，因此，基础设施 REITs 市场的发展规模与地方经济水平有着较为明显的关联。目前，基础设施 REITs 产品底层资产（即基础设施项目）主要集中在三个经济发达区域，分别为长江经济带、珠三角地区和京津冀地区。整体已发行上市的基础设施 REITs 产品涉及的底层资产规模约为 891.7 亿元。

专题报告 02

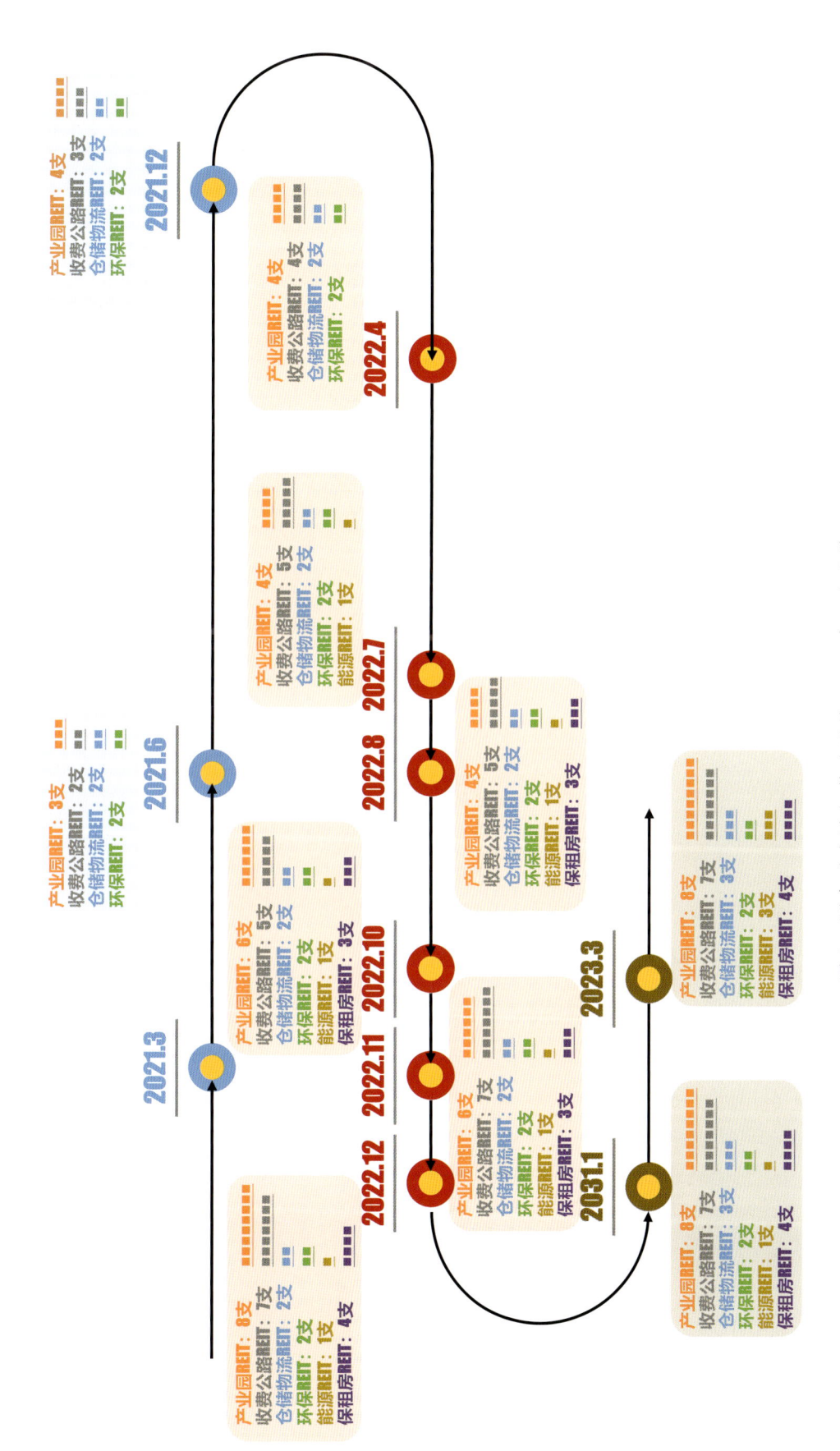

图 1 国内（大陆）基础设施 REITs 产品上市情况

095

（二）我国基础设施REITs产品结构

在我国现有法律框架下，基础设施REITs无法通过直接持有项目公司（非上市公司）股权而实现控制底层资产的完全所有权或经营权，目前试点阶段采用了"基础设施REITs基金+专项计划+项目公司"的结构（图2），即公募基金通过持有专项计划全部基础设施资产支持证券，实现对专项计划的控制，专项计划通过"股+债"的构造，实现持有项目公司全部股权及债权，取得基础设施所有权或经营权利，并获取基础设施项目租金、收费等稳定现金流。

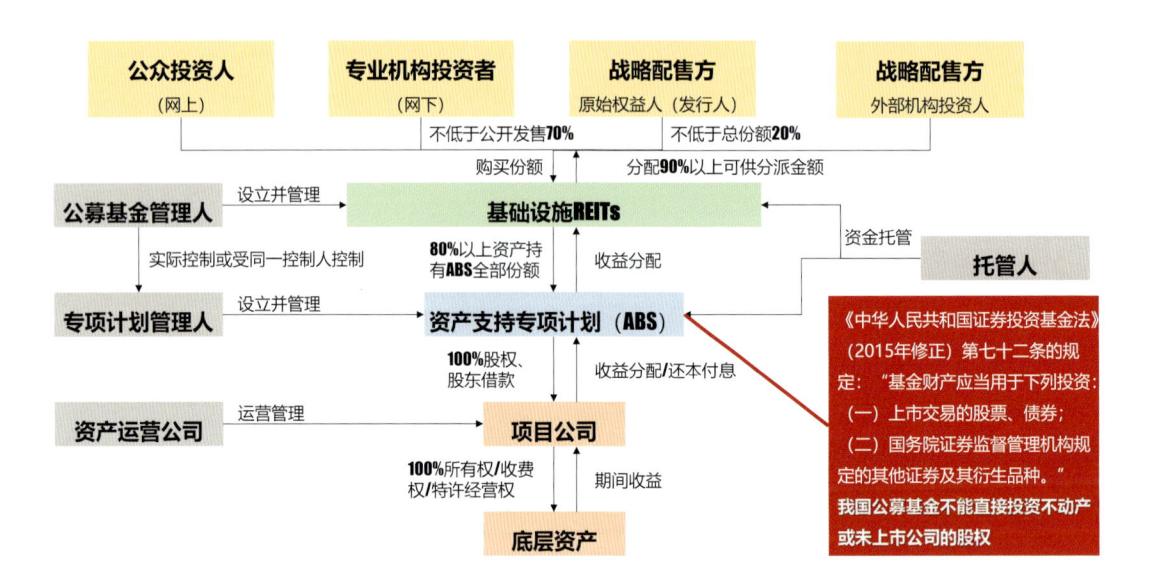

图2 我国基础设施REITs产品结构

（三）基础设施REITs产品市场表现影响因素分析

为了对比分析所有已上市基础设施REITs产品的市场表现情况，采用每日收盘价格（P）与发行价格（P0）的比值作为标准化市值进行对比分析，并分别选取不同的影响因素进行参数分析。

1. 产品领域影响分析

从现有已上市基础设施REITs产品来看，底层资产类别可大致分为收费高速、产业园、保租房、仓储物流、环保及能源五类。对各类底层资产对应的REITs产品上市以来的市场表现情况进行分析，具体情况如图3所示。由分析结果可知，产业园类、仓储物流类、环保及能源类REITs产品均有较好的市场表现情况，投资收益处于基础设施REITs产品平均水平（图中红线）以上；保租房REITs由于上市时间较晚，数据量较少，但整体上处于平均水平；而收费高速REITs产品则表现较差，多数产品处于亏损状态（P/P0<1）。

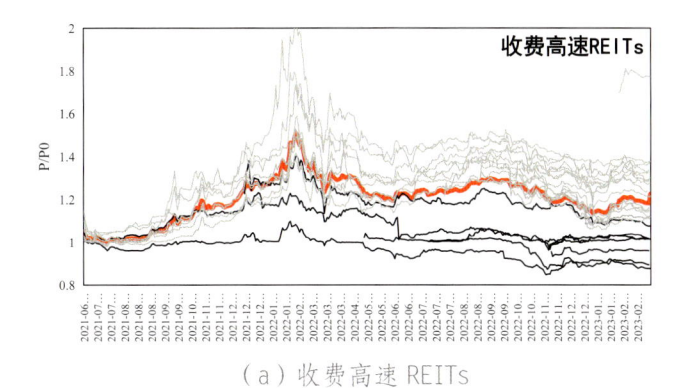

（a）收费高速 REITs

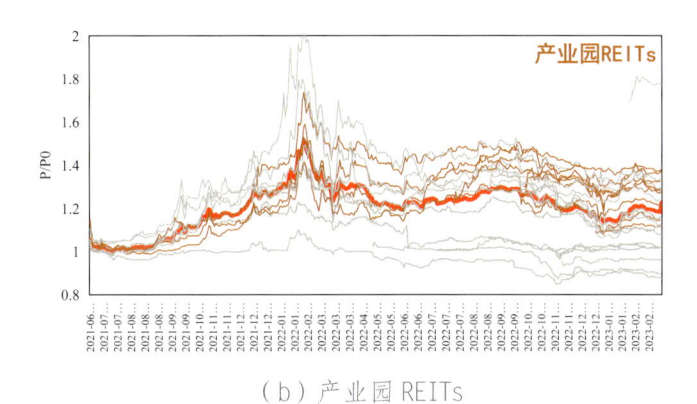

（b）产业园 REITs

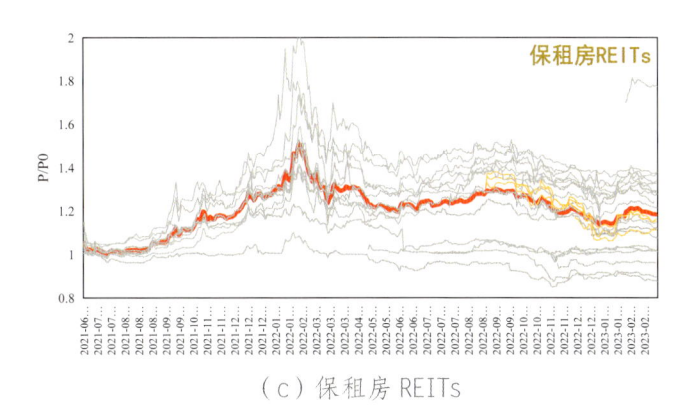

（c）保租房 REITs

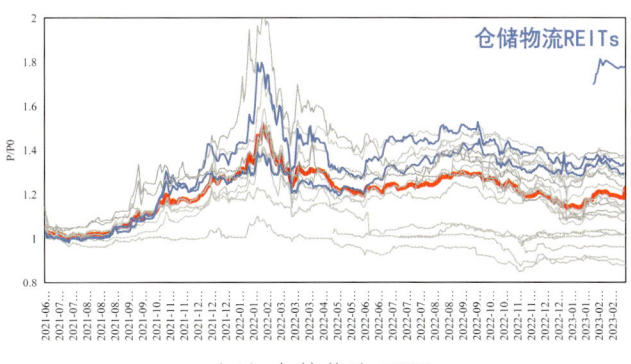

（d）仓储物流 REITs

(e）环保、能源 REITs

图 3　不同类别底层资产 REITs 产品市场表现情况

2. 底层资产规模影响分析

采用底层资产估值作为影响分析指标，具体情况如图 4 所示。其中，资产规模较小（小于 20 亿元）的产品表现情况优于资产规模较大的产品表现情况。

图 4　不同底层资产规模 REITs 产品市场表现情况

3. 每股发行价格影响分析

采用产品每股发行价格作为影响分析指标，具体情况如图 5 所示。其中，股价较低（小于等于 5 元）的产品表现情况要明显优于股价较高（大于 5 元）的产品表现情况。

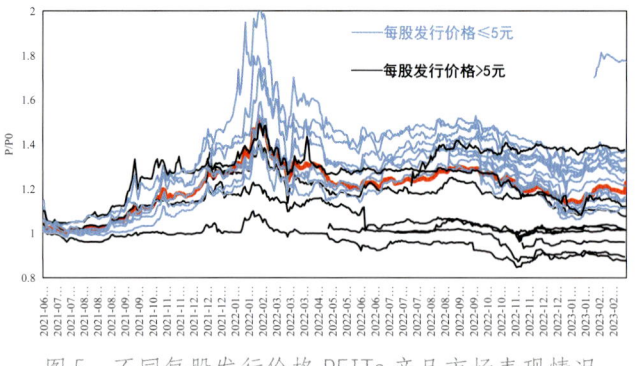

图 5　不同每股发行价格 REITs 产品市场表现情况

4.战略配售份额影响分析

采用战略配售份额比例作为影响分析指标,具体情况如图6所示。总体上战略配售对产品表现的影响不明显,但当战略配售比例过高时,产品表现较差。

（a）战略配售（自持）份额

（a）战略配售（非自持）份额

图6　不同战略配售比例REITs产品市场表现情况

二、现阶段工作存在问题

（一）市场认识不足

在发展初期,市场及相关主体对于基础设施REITs的理解仍存在不足或偏差,甚至存在"REITs是为不动产业加杠杆的融资工具",或是"把房地产风险转嫁到证券市场"等错误观点。而实际上,REITs属于长期价值投资的范畴,将拓宽投资者的投资可行集,引导长期资金进入市场,具有一定程度上抑制不动产实物资产市场的投机行为的作用。

（二）企业参与积极性不高

现阶段企业参与积极性不高,主要原因有以下几点:

1.资金成本过高

《关于做好基础设施领域不动产投资信托基金（REITs）试点项目申报工作的通知》（发

改办投资〔2020〕586号）中明确规定，基础设施REITs预计未来3年净现金流分派率（预计年度可分配现金流/目标不动产评估净值）原则上不低于4%，然而根据排摸情况可知，目前其他资产证券化产品的融资成本在3%—4%，政府专项债资金成本在3%—3.5%，均低于基础设施REITs的融资成本。

2. 涉及国有资产转让、削弱控制权

目前，国内大部分符合试点要求的基础设施属于国有资产，许多企业对于基础设施资产转入项目公司后控制权、经营权发生的变化存在一定的困惑和疑虑，同时国有资产转让应履行进场程序，导致国企积极性偏低。

3. 资金需求较小

由于建设任务有限，且自持资产运营收益情况良好，再加之借债成本可控，基础设施管理类企业对权益性融资的资金需求偏低。

（三）法律框架及配套政策不完善

目前，我国基础设施REITs主要依据的法律为两部通用型证券法律，即《中华人民共和国证券投资基金法》（2015年修正）和《中华人民共和国证券法》（2019年修订）。总体来说，目前我国基础设施REITs领域仍较多使用现有通用型法律，而针对REITs产品在发行申购、税收等方面的特有立法需求仍有待研究，特别是该金融产品所特有的对于基础设施资产的运营管理等工作的规范仍需加强。在证监会公布的2022年立法计划中，已明确要抓紧制定《不动产投资信托基金办法》，也进一步说明了该项工作的必要性和迫切性。

三、促进市场发展相关措施研究

（一）出台鼓励政策

宜尽快落实相关鼓励政策，如"将鼓励盘活存量资产纳入国有企业考核评价体系""当年盘活国有存量资产相关情况纳入地方各级政府年度国有资产报告"等激励措施，在初期发展阶段，将发行任务下达至基础设施存量资产多、建设任务重、负债率较高的国有企业，结合主动式激励措施（如企业评分附加值）和被动式考核措施（如负债率考核），并提供必要的技术辅助，提高企业参与积极性。

（二）适当放宽项目限制

基础设施REITs已在项目推进过程中，不同地区、不同行业的资产在资产收益率、运营模式等方面存在较大差异，如产业园、高速公路、市政基础设施等普遍存在成本投入高，收益率偏低的问题，但是不乏本身运营成熟、现金流稳定的资产，不能满足相关的发行收益率要求。

因此，建议在把控建设合法合规、运营成熟稳定等底线要求下，进一步放宽对资产收益率等的限制，把价值判断更多地交给资本市场。

四、结论

本文以现有基础设施REITs产品为主要研究对象，对于影响产品表现的关键因素展开分析，并总结了现阶段发展存在的问题，提出了相关建议。本文主要结论如下：

（1）现有基础设施REITs产品中，产业园类、仓储物流类、环保及能源类、保租房类型的基础设施REITs产品均有较好的市场表现情况，但收费高速REITs产品则表现较差。

（2）现有基础设施REITs产品中，资产规模较小、单股定价较低的产品的表现情况优于资产规模较大、单股定价较高的产品的表现情况。

（3）现阶段基础设施REITs市场发展过程中仍存在市场认识不足、企业参与积极性不高、法律框架及配套政策不完善等问题，宜借助鼓励政策、适当放宽项目限制等手段助力市场发展。

（赵天驰、杨光于）

数字化背景下上海加快推进智慧医院建设的对策研究

随着数字化时代的到来，医疗行业面临着数字化转型的挑战和机遇。"十四五"期间，国家提出公立医院高质量发展的目标，并明确了智慧医院相关建设要求。在政策引领下，许多医院开始探索从传统信息化向数字化转型的道路，力求打造智慧医院建设标杆。上海作为全国医疗数字化转型的先行者，在智慧医院建设方面取得了显著的进展，但同时也存在一些亟需完善的方面。

为此，本研究探讨了上海在智慧医院建设方面的发展现状以及面临的挑战，并对上海推进智慧医院建设提出相关思考和建议。

一、研究背景

智慧医院是运用云计算、大数据、物联网、移动互联网和人工智能等技术，通过建立互联、物联、感知、智能的医疗服务环境，整合医疗资源，优化医疗服务流程，规范诊疗行为，提高诊疗效率，辅助临床决策和医院管理决策，实现患者就医便利化、医疗服务智慧化、医院管理精细化的一种创新型医院。

早在 2000 年左右，我国便已开始医疗信息化建设，通过计算机技术管理医院的各项业务和信息。2010 年前后，一系列创新技术的出现让医疗信息化迎来爆发期，推动着医院从传统信息化向智慧化的转型。与传统医院信息化建设不同的是，在智慧医院建设中，信息化仅仅是标配基础，上层的人工智能智慧应用已成为智慧医院的核心要素。

近年来，国家先后出台一系列支持政策，引导医院开展数字化转型推进智慧医院建设。2021 年 6 月，国务院办公厅发布《关于推动公立医院高质量发展的意见》，旨在推动公立医院高质量发展及更好满足人民日益增长的医疗卫生服务需求。同年 10 月，国家卫生健康委、国家中医药管理局联合印发《公立医院高质量发展促进行动（2021—2025 年）》，明确提出将信息化作为医院基本建设的优先领域，建设电子病历、智慧服务、智慧管理"三位一体"的智慧医院信息系统，完善智慧医院分级评估顶层设计。

在政策推动下，如何建设以患者为中心的智慧医院体系成为医院转型过程中所聚焦的议题。一方面要结合医院自身运营实际，另一方面要尽可能追求医疗效率的提升，如何用好、用对大数据、人工智能等新兴技术优化医院管理体系，提升诊疗质量和效率，已成为医院实现高质量发展的关键环节。

二、建设智慧医院的价值

《公立医院高质量发展促进行动（2021—2025年）》中提出要推进"三位一体"的智慧医院建设。经过对医院数字化转型的多年观察，本研究拟将智慧医院的建设体系进一步细分为智慧服务、智慧诊疗、智慧管理、智慧科研、智慧医疗云五个模块，多维度探讨智慧医院对患者、医生以及医院管理者的重要赋能作用。

（一）智慧服务

现代化医疗的重要衡量标尺之一就是患者就医的便捷度，针对患者就医流程的优化一直是医院智慧化转型的重点。近年来，许多医院借助计算机视觉、自然语言处理、知识图谱等技术，简化患者就医流程，推出包括智能问诊、智能导诊、AR导航等功能，推动医疗健康服务体系流程再造、规则重构、功能塑造和生态新建，实现医生服务患者时间增加、患者就诊效率增加、候诊等待时间减少、门诊聚留人员减少的"双增双减"效应。

（二）智慧诊疗

公立医院要实现高质量发展必须求"变"，而首先要实现的转变就是从"追求规模扩张"转向"提质增效"，智慧诊疗正成为公立医院"提质增效"的重要助力。作为智慧诊疗的重要组成部分，电子病历的作用近年来日渐凸显，通过电子病历的闭环管理，可以记录患者全病程的所有信息，减少医疗差错，显著减轻医生工作负荷。未来在人工智能生成内容（AIGC）的赋能下，电子病历系统还有望实现全方位革新，通过全新的方式实现患者病历信息的智能输入输出。

另一方面，部分医院率先探索试点的临床决策支持系统（CDSS），可智能判断患者可能患有的疾病，并为其推荐相应检查、治疗方案。在影像辅助诊断领域，人工智能技术可以为医生临床诊断、治疗及病人康复全流程提供有效的智能辅助。基于多模态影像智能分析，全面赋能影像科、肝外科、胸外科、病理科、骨科、放疗科、急诊科、卒中中心等多科室的临床诊疗需求，提升医生诊疗工作效率和患者个体化精准治疗效果。

（三）智慧管理

随着现代医院规模逐渐扩大，运转效率日渐加快，需要医院管理者优化决策流程，提升决策效率，从原先的粗放型管理转变为精细化管理，进一步科学合理地配置医院各项资源。为此，不少医院引入大数据、物联网、人工智能等新兴技术，建设了面向医院全场景，统筹院内人、财、物管理的全方位监管防控体系，满足医院安全管控、后勤运维、消防管理等多元需求，保障了医院的安全平稳运行，尽可能达到以最少的医疗卫生资源获取最大的卫生健康服务产出的目标。

（四）智慧科研

尽管智慧科研没有被单独列入智慧医院建设的"三驾马车"，但其重要性不容忽视。临床科研是推动医学发展的重要动力，过去由于临床数据存储分散、缺乏标准化、数据不完整等问题，给临床研究者在科研实践中带来了种种困难。而在人工智能技术的帮助下，数据治理效率显著提升，多模态大数据应用平台、数字专病库的建立，激活了医疗机构沉淀的数据资产，有助于深挖医疗数据价值，加速临床科研成果转化。

（五）智慧医疗云

近年来，国家多次发文要求推进县域医共体建设，提高基层防病治病和健康管理能力。在县域医共体建设过程中，智慧医疗云的出现实现了医院不同院区乃至不同医院间信息的互通互联。通过将丰富的医疗人工智能应用搭建于区域级IDC集群或公有云服务，智慧医疗云能够为区域卫生系统或医共体提供人工智能诊疗助力，还能实现医共体内病例的跨院远程诊断与会诊，全面提升医共体成员单位诊疗水平与合作紧密度，推动分级诊疗制度的落实，优化区域医疗资源配置，提升区域整体诊疗水平和智慧化水平。

三、行业发展现状

（一）国外智慧医院建设情况简述

2005年，WHO通过了一项智慧医疗决议草案，要求各会员国建立智慧医疗的发展计划及执行重点。纵观国际上智慧医院发展情况，发达国家启动时间较早且发展较为成熟，从最早发端于2000年左右的电子健康记录系统，再到如今各种信息化、数字化手段的运用，对于我国智慧医院建设都具有重要借鉴意义。

英、美、澳等国均成立了专门的政府机构负责智慧医疗的发展，例如英国的NHSX（由卫生和社会福利部、NHS England、NHS Improvement三方组成）、美国的国家医疗信息技术协调办公室（Office of the National Coordinator for Health Information Technology，ONC）等，[1] 有效地推动了医院信息化、数字化转型。同时上述各国还制定了详细的智慧医疗发展目标以及监督与评价体系，并出台相应法律，兼顾新兴科技在医疗领域使用的高效性与合规性。

总体来看，美国的智慧医院建设处于全球领先地位，亚太地区正在迅速赶上。例如新加坡投入了大量资金用于数字化整合医疗系统，聚焦医疗服务质量提升；日本此前也宣布将在未来五年内建设10所围绕人工智能设计的新医院，以解决医生资源短缺问题。

---

[1] 谭华伟，于雪，张培林，等.智慧医疗发展的国际经验及其对我国的政策启示[J].中国循证医学杂志，2019，19（11）：3-4.

（二）上海智慧医院建设情况概述

上海作为全国改革开放排头兵、创新发展先行者，在数字化建设方面起步较早、优势突出。在城市数字化转型的总体要求下，面对医疗"新基建"时代的到来，上海的智慧医院建设也一直走在全国前列。

包括瑞金医院、同济医院、华山医院在内的一众头部三甲医院，均作为上海申康医院发展中心智慧医院"三统一"试点医院，先行先试上线"上海市级医院智慧应用大厅"，并统一规范和优化自助机系统，让患者就医更为方便快捷。

其中，瑞金医院作为全国智慧医院建设的标杆之一，秉持延展、融合、创新理念，落实联合协同的信息化体系，实现线上和线下的融合。同时，该院积极关注临床重点学科建设，并以此支持医院一体多院区、垂直化治理、同质化医疗的运行模式，为医疗界描绘了一幅未来医院的图谱。

作为全国优质医疗资源的聚集地之一，上海在积极推进智慧医院建设的同时，也肩负着面向全国其他城市推广智慧医院建设经验的重任。因此，如何梳理出一套行之有效的智慧医院建设方法论或将成为上海打造全国智慧医疗"桥头堡"过程中需要面对的挑战。

四、建设智慧医院面临的挑战

（一）顶层规划待完善，真实需求待梳理

尽管上海智慧医院建设如火如荼，但必须指出的是，并非所有参与智慧医院建设的主体都能够清楚地厘清建设目标。

我国智慧医院建设仍处于起步阶段，可借鉴的实践案例较少，仅凭现有医院分级评价标准无法精准回答"智慧医院需要建设到什么程度"这一问题，许多时候只能靠医院管理者自行摸索。也正因为此，部分医院对于智慧医院的建设任务及步骤缺乏全盘性思考，将建设智慧医院简单地理解为网络信号全覆盖、智能终端全布设，缺乏对基层医护人员真实需求的调研和梳理，缺乏对医院数据流、信息流、业务流的标准化治理，在流程优化与智能增效方面仍有可提升空间。

（二）基层医院互联互通机制待深化

整合"碎片化"的医院信息应用系统，打造标准化数据整合体系，是建设智慧医院的底层需求。但由于部分医院采用不同软硬件设备供应商，不同供应商提供的应用系统之间数据格式标准不统一、系统接口不统一，导致部分基层医院的电子病历、远程会诊等系统互联互通仍有提升空间。

2019 年，国家卫健委发布《关于推进紧密型县域医疗卫生共同体建设的通知》，指出要进一步完善县域医疗卫生服务体系，提高县域医疗卫生资源配置和使用效率，加快提升基层医

疗卫生服务能力，推动构建分级诊疗、合理诊治和有序就医新秩序。但由于部分县级基层医院缺乏完善的医疗数据应用共享机制，阻碍了基层医院间互联互通机制的深化，也不利于紧密型县域医共体的建设。

（三）资金投入大，部分医院建设动力不足

智慧医院建设离不开持续性的信息化升级改造。在现有模式下，医院信息化建设主要是以医院自行投入为主，政府支持为辅，企业赞助"锦上添花"的复合形式。对于全国大多数医院来说，软硬件设备的迭代和网络设备的建设都是较大的资金支出项，且随着医疗信息技术的不断进步，往往需要医院对软硬件给予持续的资金投入。这样的现状一定程度上会削弱医院主动参与数字化转型，建设智慧医院的动力。

（四）数字化人才队伍有待扩充

新兴技术被大量运用到智慧医院建设中，对于医技人员的综合能力也提出了更高的要求，专业化医疗信息人员的重要性日渐凸显。有调查表明，我国三级医院信息化人力资源水平和质量不高，且41.8%的三级医院认为其信息技术人员很难满足日常工作需要。[1] 诸如人工智能、大数据等技术的运用，不仅要求医生要具备一定的基础计算机知识，同时也要求医院的信息技术人员需要成为兼具医学知识和管理能力的复合型人才。但总体来说，相关人才梯队的培养有待加强。

五、发展对策及建议

（一）制定专项政策，激发改革动力

建议卫生管理部门制定专项政策，进一步细化智慧医院建设标准、评价体系、考核指标、奖励机制等，适时推出目录性指导文件，引导医院找准数字化转型的方向，同时激发医院改革动力，为上海智慧医院建设提供制度保障。

（二）加强顶层规划，完善建设方案

应当完善智慧医院建设顶层规划，依托"先行先试"的实践路径，及时复盘总结经验和做法。要鼓励智慧医院的建设主体向行业标杆医院取经，汲取经过实践检验的成功经验。同时应当要求各医院从自身的实际需求出发，系统性统筹智慧医院建设方案，明确智慧医院建设的长期总体目标与短期阶段性目标，确保智慧医院建设有序推进，医疗资源合理利用。

---

[1] 张爱超，陈庆锟，雷行云，等. 我国三级医院卫生信息人力资源建设情况研究[J]. 中国数字医学，2019, 14（4）: 15-18, 25.

（三）拓展资金渠道，加大资金投入

政府应适当加大对智慧医院建设的投入，采取设立专项基金等举措筹措资金用于支持医院数字化转型。同时，可以鼓励医院自筹用于智慧医院建设的资金，并给予一定的优惠分配政策或在绩效考核时予以额外考量。另一方面，为降低医院采购软硬件设备的成本，可以鼓励医院探索与第三方机构共同出资购买的"合作共建"投入机制，在保证合规性的基础上吸引社会资本参与智慧医院建设。

（四）加快人才培养，为行业持续造血

医院应当坚持人才引进与人才培养"两条腿走路"，加强医院信息化人才队伍建设，确保有足够的专业人才保障医院各类信息系统的高效运转。同时，医院也可以探索与第三方机构合作的模式，即将部分信息化服务脱敏后与第三方机构共同运营或完全外包给第三方机构。在探索这一模式的过程中，数据安全依旧是不可逾越的红线，医院应当在保障数据安全的前提下探索相关业务创新模式。

（五）加强医企联动，寻找优质解决方案

在建设智慧医院的过程中，医院应当主动与相关软硬件厂商联动寻找优质解决方案，充分发挥社会资本、社会机构的力量，加强产学研融合。应当鼓励医院与高新科技企业联动，通过共建研究院、开展战略科研合作等形式，研发符合智慧医院建设要求的先进软硬件设备。

医院同时应当树立全局意识注重顶层设计，做好前瞻性布局，在智慧医院建设过程中优先考虑兼具前沿领先技术和数据标准化能力的整体化解决方案，通过"两条腿走路"实现数据信息的高效互联互通，从而真正实现医院的智慧化转型升级，提高医疗资源使用效率，提升医疗服务质量。

（钟雷、段琦、刘嘉、王丹宇　上海商汤智能科技有限公司）

上海超大城市养老产业发展研究

上海是全国最早进入老龄化社会的城市，全市户籍老龄人口数量已经超过 500 万，随着老龄化程度的不断加剧，养老形势日趋严峻。上海积极应对人口老龄化，在全国率先提出"9073"养老服务模式，健全符合超大城市特点的养老服务体系。通过近四个"五年养老规划"，全市保基本养老服务体系基本建立，但在发展过程中也存在供需不匹配、市场主体规模小等问题。随着居民养老服务需求日益提升，亟待建立更高水平、更高品质、立体多元的养老服务供给体系。

一、上海老龄化和养老模式现状

（一）上海人口老龄化现状

老龄化率位居全国前列。 上海是全国最早进入老龄化社会的城市，于 1979 年步入老龄化社会，早于全国 21 年，至今保持着中国"最老城市"纪录，老龄化水平位居全国前列。根据第七次全国人口普查数据，2020 年上海老龄化率 23.4%，仅次于辽宁省，居全国第二，高于当年全国平均水平（18.7%）。2000 年 60 岁及以上户籍人口达到 20%，2015 年首次突破 30%，2020 年超过 36%，老龄化程度逐步加剧。

户籍人口"三人行必有一老"。 根据第七次人口普查数据，上海常住人口中 60 岁及以上老年人口数量 582 万人。从全国城市常住老年人口数量来看，上海在全国城市中排名第二位，仅次于重庆。上海 60 岁及以上户籍人口数量逐年上升，近 10 年老年人口年均增速保持在 4%以上。截至 2021 年底，上海 60 岁及以上户籍人口数量 542 万人，老龄化率 36.3%，户籍人口每三人中就有一位老年人。

高龄老年人占比不断增加。 截至 2021 年底，65 岁及以上户籍人口数量超过 400 万人，占比 26.9%；70 岁及以上户籍人口数量约 248 万人，占比 16.6%；80 岁及以上户籍人口数量约 84 万人，占比 5.6%。2015 年起，70 岁及以上户籍人口占 60 岁及以上户籍人口的比例不断提升，2021 年超过 45%。

（二）上海养老模式现状

上海老年人绝大多数居家养老，少部分机构养老，居家养老的老年人以与老伴同住、健康活力老年人为主，机构养老老年人以高龄、"双失"老年人为主。

根据 2020 年上海市第七次人口普查数据，全市仅有 2% 的老年人入住养老机构，94.6% 的老年人选择居家养老，3.4%的老年人选择其他方式养老。居家养老的老年人中，与配偶同住的户籍老年人口约占44.4%，与配偶和子女同住的老年人口约占27.4%，两类居住方式合计占比超过七成。与配偶同住、与配偶和子女同住、与子女同住的老年人以低于70岁的低龄活力老年人为主，入住养老机构的老年人以80岁以上的高龄老年人为主。入住养老机构的80岁以上的高龄老年人中，健康状况不佳且生活不能自理的老年人约占五成以上。

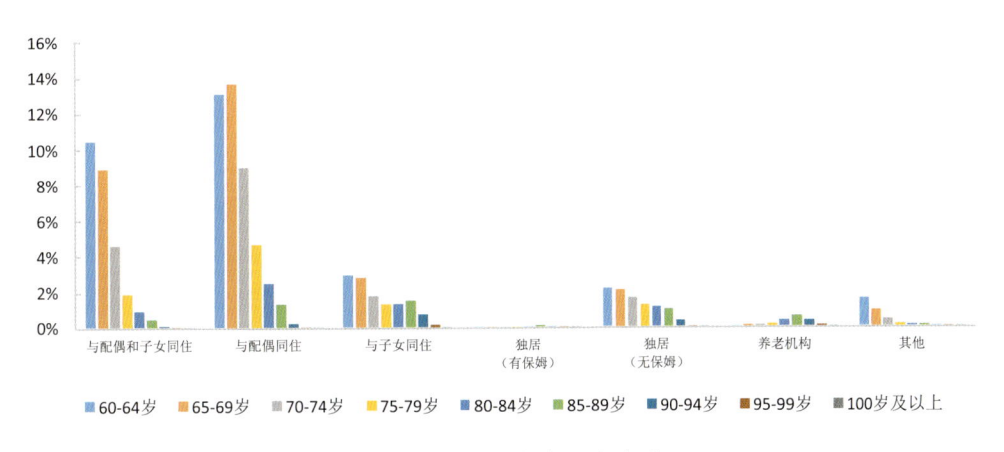

图 1 上海市户籍老年人居住情况

资料来源：第七次人口普查数据，上咨绘制。

入住养老机构的老年人年龄结构　　　入住养老机构的老年人健康状况

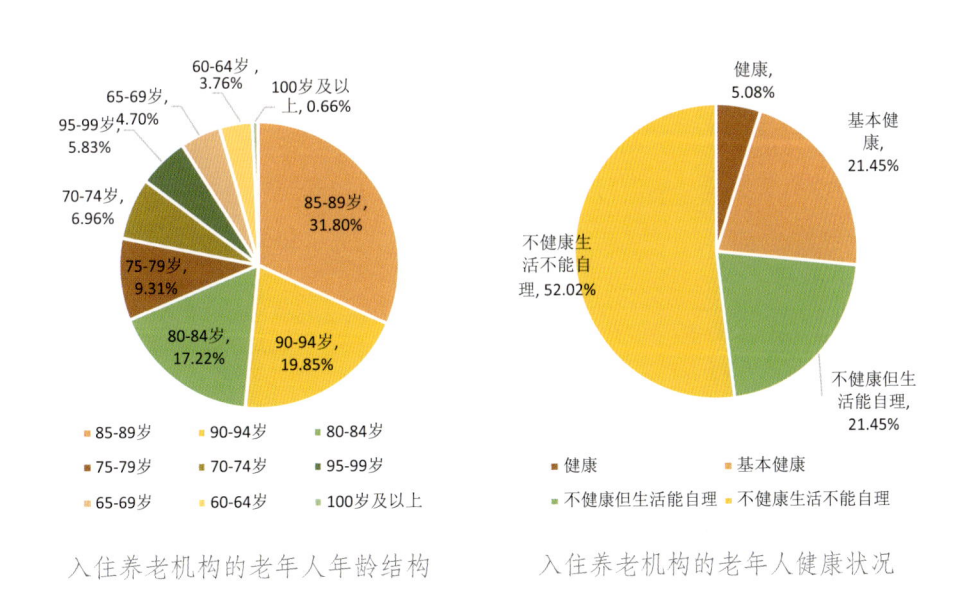

图 2 上海入住养老机构的户籍老年人年龄及健康状况

资料来源：第七次人口普查数据，上咨绘制。

二、上海养老事业和产业发展现状

（一）发展现状

上海自1980年代开始谋划布局养老服务体系，2005年在全国率先提出"9073"养老服务模式，基本形成了"以居家养老为基础，社区服务为依托，机构养老为补充"的养老服务体系。

保基本养老服务体系基本建立。 上海积极应对人口老龄化，健全符合超大城市特点的居家为基础、社区为依托、机构充分发展、居家社区机构相协调、医养康养相结合的养老服务体系。通过近四个"五年养老规划"，尤其是市政府把公办养老机构等作为市政府实事项目，全市保基本养老服务体系基本建立。截至2021年底，全市共有养老机构730家，床位15.9万张。其中，公建公营和公建民营养老机构是全市保基本的主力，两类机构数量约占51%。

"15分钟养老服务圈"正在形成。 上海持续推进"15分钟养老服务圈"建设，不断织密居家社区养老服务网络，构建社区便捷可及的养老服务体系。根据上海市养老服务平台数据，目前全市在运营的长者照护之家共174家，综合为老服务中心403家，老年助餐服务场所1 668家，日间照护中心753家，社区养老服务设施基本实现街镇全覆盖，社区养老15分钟服务圈正在形成。居家养老服务目前主要以长护险为主，自2016年试点、2018年全市推广以来，上海近40万长期失能老人享受到长护险照护服务。

养老产业发展处于"将起未起"之时。 从供给端来看，养老主体日益多元，地产、保险企业等纷纷延伸业务进入康养领域，在市级层面成立康养集团，长宁、普陀、杨浦、静安、浦东等区国有资本也开始进入养老领域。从需求端来看，目前老年群体收入主要以养老金为主，缺少财产性收入，支付能力还不强；而且受老年人传统消费观念的影响，老年人愿意用于自身养老的支付意愿不高。但随着1960年代后出生、具有高支付能力和支付意愿的老年人口进入老龄化，到2030年将进入养老刚性需求阶段，养老市场将进入"爆发式"增长阶段。

（二）存在问题

养老服务供需存在脱节。 全市养老机构床位近16万张，疫情前平均入住率近七成，养老床位数总量充足，但结构性矛盾突出。高品质供给不足，目前保基本养老机构以多人间为主，整体供给品质相对较低。护理型床位供给不足，全市养老机构的护理型床位占比不足1/3，与60%的占比要求距离较大。中心城区供给不足，养老机构的主要群体80岁及以上高龄老人分布与养老机构空间分布不一致，中心城区"一床难求"现象时有发生。医养结合不足，受制于养老、医疗分属不同管理条线，医养结合仍存在不少难点。

养老服务体系尚不健全。 目前居家社区服务主要以政府供给为主，社区养老服务设施基本采用政府建设、购买服务等方式运营，居家养老服务也采用政府购买服务的方式，缺少市场化商业模式。社区养老缺乏专业服务队伍，社区服务人群以社工居多，很少有专业护理资质，更无法为失能、半失能或认知障碍症的老年人提供专业服务。老年人对助餐服务意愿较强，但受退休工资、消费习惯等影响，支付能力有限，导致助餐供应商的供给产品大多为"吃饱"水平，离"吃好"还有较大的空间。

市场主体规模能级较小。根据企查查数据，全市目前在运营的养老企业超过700家，注册资本金大于5 000万元的不足20家，实缴注册资本金大于2 000万元的企业仅20家，养老企业大多为中小型企业。全市养老机构大多为单体运营机构，缺少具有市场引领、标杆作用的头部企业。尽管市、区成立了多家国资养老公司，但均处于起步阶段，对于全市和区域的主导和引领作用尚未发挥。由于行业盈利空间有限等客观因素，以养老服务为主业的上市企业尚处空白。

三、上海养老产业发展建议

（一）推动养老服务产业化发展

随着60后生育高峰出生人口逐步进入老龄化，老年人支付能力和支付意愿不断增强，对于高品质、多元化养老服务产品的需求日益迫切，而现状供给与养老需求不匹配。立足养老服务现状供给，推动养老服务产业化发展。**一是打造养老产业的标杆引领。**依托新成立的市康养集团，整合市级国资的闲置资源和低效运营的养老资源，打造全市康养产业发展标杆，面向工薪阶层提供普惠型、高品质养老服务产品。依托东海老年护理医院，构建集聚老年护理、老年康复、健康管理等多元功能的老年健康服务体系，打造上海护理康复的旗舰品牌，引领上海医康养护发展的新模式。**二是推动养老服务规模化发展。**参考国内外养老服务发展模式，借鉴福寿康、人寿堂、爱以德等本土养老连锁品牌发展经验，推动更多的社会资本投资养老服务领域，推动养老服务品牌化、连锁化、规模化发展，全面提升养老服务的标准和能级。**三是构建养老产业生态体系。**围绕养老产业，创新发展上下游相关产业，集聚医养照护、康复辅具、老年教育、老年旅游、老年宜居等相关产业，打造养老产业生态圈。推动成立市级养老产业发展基金，引导产业链上下游相关产业融合创新和集聚发展。

（二）推动养老服务融合化发展

"十四五"时期，国家提出发展"居家社区机构相协调、医养康养相结合的养老服务体系和健康支撑体系"，上海提出"协调推进居家社区机构养老服务和医养康养有机结合"。居家社区养老、机构养老融合化发展、医养康养融合化发展是必然趋势。**一是推动机构专业服务向居家社区养老延伸。**借鉴日本养老服务发展经验，在老年人口密度高的中心城区和老年人口数量多的浦东新区等区域，打造立体化综合养老服务中心，推动机构专业服务向社区、家庭延伸，推动各类养老服务融合化发展。养老机构搭建成为社区和居家的链接枢纽，除提供全托功能外，面向社区与家庭提供短期托养、日托、上门服务、家庭照护床位等综合性养老服务。**二是推动**

医养康养服务一体化发展。进一步打破医养结合管理条线的制约，深化医养结合模式，推动医养康养深度融合发展。完善老年人医疗康复体系，大力发展护理院、护理中心、康复医疗中心等康养项目。推动养老机构与所在街道社区卫生服务机构开展多种形式的协议合作，建立健全全面协作机制；推动养老机构与三甲医院等优势医疗资源合作，建立绿色诊疗通道，开展云上诊疗等；针对认知障碍症、冠心病、高血压等老年人常见病，与三甲医院、科研机构开展产学研合作。**三是推动区域养老服务一体化发展**。长三角地区地缘相近、人缘相亲，"异地养老"成为一种新选择。三省一市将养老作为民政领域贯彻落实长三角一体化战略的重点内容，签署养老一体化合作备忘录，建议进一步健全长三角养老服务规划制定协同机制，提高政策制度统一性、规则一致性和执行协同性，推动服务标准互认、老年数据互通、异地就医便捷、养老人才共享、积极开展养老区域一体化试点。

（三）推动养老服务社区化发展

大多老年人倾向于居家社区养老，尤其在疫情期间暴露出来的一些管理短板影响了老年人入住养老机构的意愿，完善居家养老服务体系日益迫切。**一是建立居家养老服务体系**。结合居家老年人个性化、多元化的照护需求，打造集聚长护险服务、定制化照护服务、家庭养老床位、家庭病床等多元化、普惠型、高品质的居家养老服务。不断完善居家养老服务的标准，丰富长护险服务的内容，规范长护险服务的标准，全面提升居家养老服务的品质。建立智慧居家养老服务网络，打造集服务订制、居家生活、居家安全、居家健康等为一体的全方位的养老照护体系。探索"社区+物业+养老服务"模式，增加居家社区养老服务有效供给。**二是完善社区养老服务体系**。社区嵌入式养老是上海继"9073"之后又一项引领全国养老服务业发展方向的首创性举措，也是上海"大城养老"的重要模式。充分利用社区闲置物业资源，打造社区嵌入型养老场所，提供短期住养、日间照护、居家照护、老年助餐，以及更广泛的精神文化、健康管理、养老顾问、家庭支持等服务。打造特色老年膳食服务体系，加快建立老年膳食营养标准，建立老年营养膳食服务网络，引领全国老年膳食服务市场。关爱老年人的精神生活，结合养老机构、社区日间照料服务设施等，打造"快乐驿站"、老年俱乐部等场所，为志趣相投、"抱团养老"的老年人提供空间和服务。

（吕海燕、周明、徐美卿）

我国中医药老年照护发展现状研究

老年照护是指为老年人提供身体、心理、社会和精神上的全面支持和服务，以满足他们日常生活和医疗保健的需求，旨在帮助他们在身体、心理和社交层面上保持健康和独立，提高老年人的生活质量和自主性，同时减轻其家庭和社会的负担。老年人身体各方面机能的衰退使得其疾病发生率大幅提升，人口老龄化加深也导致老年照护需求大幅增加。

中医药是国粹，传承精华与创新发展形成了其独到优势。中医讲究"治未病"，强调情志与身体的相互关系，注重预防养生，并在部分病症的临床实践中形成了适宜和特色诊疗技术。近年来国家和上海多部门密集出台多项中医药发展的文件，比如在《上海市中医药发展"十四五"规划》中提出了更加具体的目标和要求，提出要"打造中医药事业产业高质量发展的排头兵和创建国家中医药综合改革示范区"的总体目标，要围绕"建设高标准的中医药服务体系""提升高品质的中医药服务能力""打造高素质的中医药特色人才队伍""培育高能级的中医药健康产业""促进高水平中医药文化传播和开放发展"等5个方面开展19项重点任务。加强中医药在老年照护中的应用正是落实国家和上海有关规划的重要举措。

本研究旨在探讨中医药在老年照护中的作用，以期引起全社会对于中医药应用的更多关注和重视。尤其是在中医药文化底蕴深厚、已经进入深度老龄化的上海，打造中医药在老年照护中的标杆，形成引领示范作用，对于弘扬和振兴中医药文化，意义特别巨大。

一、老年照护的发展状况

（一）老年照护的主要内容

老年照护包括各种医疗和非医疗属性的支持与帮助。 具体来说，主要包括日常生活、医疗、心理和社会照护等四方面内容。其中，日常生活照护包括饮食、卫生、行动、助浴等生活辅助；医疗照护包括疾病预防、治疗、康复和药物管理等；心理照护包括认知训练、心理咨询、情感慰藉等；社会照护包括社交活动与文化娱乐、志愿服务等方面的照顾。

老年照护需要专业的医护人员、社工护理人员、志愿者等多方面的支持和协作。老年照护的**服务方式**主要有医疗服务、家庭医生服务、护理服务、线上咨询以及综合性服务等。老年照**护提供方**主要有各类医疗机构（含综合医院老年病科、老年病床、康复医院、老年医院/医学中心、护理医院）、社区综合为老中心（或日托点、邻里中心）、养老地产的内设医疗机构、护理站等。长期照护险为老年照护提供了资金、人力资源的支持。

综上，老年照护是一项政府、社会、家庭和个人多方参与的**系统性工程**，需要在**顶层规划**下，集预防医学、临床医学、康复医学、护理学以及资金和人力资源等**全社会资源**，以"**公民责任**"的态度关注和帮助老年群体改善健康状况，**提高卫生投入**的效能。

（二）老年照护的需求状况

中国老龄化程度加深，势必带来老年照护需求的增长。官方数据显示，截至2022年底，全国60岁及以上人口占比19.8%，其中65岁及以上人口占14.9%。与2021年相比，分别同比上升0.9和0.7个百分点。上海的老龄化程度居全国各大城市之首，截至2021年末，全市户籍人口中60岁及以上人口达到542.22万人，占户籍人口比例已经达到36.3%，其中65岁及以上人口占比达到26.9%，分别占常住和户籍人口25%、18.7%。按国际标准，上海已步入深度老龄化社会，且老龄化程度还在持续上升，预计老龄化加速增长趋势将会持续到2050年左右。

疾病导致全部或部分功能丧失，从而产生大量老年照护需求。截至2019年底，我国失能、半失能老人超4 000万。据北京大学一项人口学研究显示，到2030年我国失能老人规模将超7 700万。上海的官方数据显示，上海的老年人口致死率最高的三种疾病分别是循环系统、肿瘤和内营代（内分泌、营养和代谢性）疾病。截至2022年末，纯老家庭人口数达到171.93万人，60岁以上长护险的受益人口仅覆盖35.55万人。这些疾病将导致大量半失能和全失能老人，也将由此产生更多的老年照护需求。

（三）老年照护的供给状况

近年来，国家和地方相继出台了多个促进中医药发展的规划文件，对于引导、规范和推动中医药传承创新发展具有重要意义。国家中医药局于2017年发布了《关于促进中医药健康养老服务发展的实施意见》，就中医药健康养老服务提出了具体实施目标，要求到2020年60%以上的养老机构能够以不同形式为入住老年人提供中医药健康养老服务，65岁以上老年人中医药健康管理率达到65%以上。国家《"十四五"中医药发展规划》提出要提升中医药健康服务能力和发展中医药老年健康服务。《上海市中医药发展"十四五"规划》提出了创建国家中医药综合改革示范区的目标，并提出在服务"一老一少"方面，"推动中医药与长期照护、安宁疗护等社区健康服务相衔接"，上海公民中医药健康文化素养水平预期达到33%。《上海护理事业发展"十四五"规划》提出要"推动中医护理发展"。

医保支持相关政策的出台，有助于提升中医药的可及性与百姓获得感。2021年末，上海市中医药管理局出台《上海市医保支持中医药传承创新发展若干措施》，通过充分发挥医疗保障的支持作用，支持上海市申请创建国家中医药综合改革示范区，鼓励上海中医药传承创新发展，服务健康上海建设，更好满足人民群众就医需求，在中医类医疗机构规划设置、医保与商业健康险支付、名医特需服务价值回归、技术创新优先立项、中医药定价优质优价、中西医同病同效同价、基层服务可及性等方面制定了有力的政策措施。

老年机构和老年服务的发展，为中医药服务提供了良好的推广基础和推广路径。根据《2022年上海市老年人口和老龄事业监测统计信息》发布数据显示，2022年末上海市全市拥有两类老年机构（养老服务和老年医疗）的数量和床位数已经能够涵盖全市各区县和农村，服务量也有了较大提升，显示上海在老年照护方面已经达到全市城乡全覆盖。

表1 2022年末上海市全市两类老年机构的数量和床位数

机构类型	机构或服务量 总数（家）	机构或服务量 当年新增（家）	服务量	床位数量 总数（万张）	床位数量 当年新增（张）	同比增幅
养老服务						
养老机构	729	366（内设医疗机构数）729（与医疗机构签约数）		16.36	6 743	3.2%
社区托养服务机构						
长者照护之家	217	6		0.65	674	
社区日间照护	825	82	日均服务1.54万人			
老年助餐服务场所	1 608	200	日均服务10.1万人次			
社区养老服务组织	288		7.4万人获政府补贴			
社区综合为老服务中心	428	57				
农村示范睦邻点	3 155	184				
养老服务床位数合计				17.01万张		
每百人拥有养老床位数				3.1张（按60岁及以上人口）		
老年医疗						
老年医疗机构	96（含老年医院、老年护理院）			2.66万张（老年护理床位）		9.7%
老年医疗服务	299.4万人（65岁以上健康管理人口）			5.8万张（家庭病床）		
医疗服务床位数合计				8.46万张		
每百人拥有医疗床位数				1.5张（按60岁及以上人口）		

（四）老年照护的发展趋势

老年照护需求的压力与日俱增，国家和地方政府已经充分意识到紧迫感，规划大力增加老年照护资源。2022年发布的《上海市养老服务设施布局专项规划（2022—2035年）》显示，近期总量指标为：建成不少于17.8万张养老床位，其中护理型床位占比不小于60%，且包含至少1.5万张认知障碍老年人照护床位；全市每千人居家社区养老服务设施建筑面积达到50平方米，街镇养老服务综合体总量力争达到500家，社区老年助餐服务供应能力达到25万客/日，建成100家乡村长者照护之家。可见，上海老年照护将在规划指引下得到有效提升。

政策指导和顶层规划设计利好中医药老年医疗照护服务。由老龄化所引发的社会问题，不仅涉及如何"老有所养"，而且涉及如何"老有所医"。一系列有关养老服务、老龄工作、中医药发展的规划指导文件密集出台。2023年3月，上海市卫健委印发的《2023年上海市老龄工作要点》提及要"持续完善老年健康支撑体系"，为老年照护提供了更加系统和具化的指导性意见。该文件专门提及要"增量、增能、增效"地做好养老服务体系建设，具体包括养老机构与床位的扩增、家门口养老与专业日间照护、乡村示范点与长者之家、对家庭照护的系统性支撑与长期照护服务保障水平的提升等。文件还特别提及中医药的作用，要"加强老年人中医药健康管理，继续建设一批家门口的中医药特色示范社区卫生服务站（村卫生室），持续推进本市各级医疗机构老年人常见病、多发病和慢性病诊疗同质化服务，为本市老年居民提供一站式、多维度、便捷优质的中医药服务"。国家和地方中医护理"十四五"规划提出要推动中医药护理发展。可见，中医药服务已经得到多维度的政策具化，这将极大推动中医药老年照护的发展。

三、中医药发展及其在老年照护中的作用

（一）中医药的发展历程和使用现状

习近平总书记指示和中央深改会议为中医药发展指明了方向。早在2015年，习近平总书记在致中国中医科学院成立60周年贺信中就明确指出："中医药学是中国古代科学的瑰宝，也是打开中华文明宝库的钥匙。"他强调，要切实把中医药这一祖先留给我们的宝贵财富继承好、发展好、利用好，在建设健康中国、实现中国梦的伟大征程中谱写新的篇章。2019年7月24日中央全面深化改革委员会第九次会议提出，坚持中西医并重，推动中医药和西医药相互补充、协调发展，是我国卫生与健康事业的显著优势。要健全中医药服务体系，推动中医药事业和产业高质量发展，加强中医药人才队伍建设，促进中医药传承和开放创新发展，改革完善中医药管理体制机制，发挥中医药在疾病治疗和预防中的特殊作用。

国家有关规划明确了中医药的总体发展定位。中医药学是中国文化瑰宝，是基于大量实践积累发展形成的独特医学理论体系，有着深深的中国文化烙印。国务院《中医药发展战略规划纲要（2016—2030年）》提出，要发挥中医药在治未病中的主导作用，在重大疾病治疗中的协同作用，在疾病康复中的核心作用，明确了中医药的总体发展定位。

相关实施方案推动了中医药的临床实践。2006年起，国家中医药管理局相继颁布了多个批次的中医临床适宜技术推广计划项目。2008年8月25日，发布了《国家中医药管理局办公室关于做好基层常见病多发病中医药适宜技术推广项目实施工作的通知》（国中医药办发〔2008〕38号），该通知制定了《基层常见病多发病中医药适宜技术推广项目目标与要求》，确定了《46个基层常见多发病种中医药适宜技术推广目录》，制定了《25个基层常见病针灸推拿刮痧技术推广目录》。2009年5月13日，再发布《国家中医药管理局办公室关于印发〈基

层常见病多发病中医药适宜技术推广实施方案（2009—2010 年）〉的通知》（国中医药办发〔2009〕18 号）。相关政策体现了国家对中医药的重视与大力推动中医药临床实践的决心。

中医药在上海具有先天的发展优势和广阔的市场需求。上海的海派城市文化底蕴提供了中医药融入老年照护的深厚土壤。据相关研究考证，自唐代以来至清朝末年，有文献记载的医家逾千人、医学著作五百余种，有相当名气的特色家系流派不下数十家。仅民国以来就拥有享誉国内外的内、外、妇、伤、针灸、儿、喉、眼等数十家海派名医。2020 年中国公民中医药文化健康素养的调查显示，上海达到 30.3%，全国 20.69%，上海较全国高出将近 10 个百分点，且拥有上海户籍、年长群体（55—69 岁）、中高收入群体拥有中医药基本理念的可能性较高，显示中医药文化厚植于上海，对中医药融入老年照护具有良好的基础。相较于中国的其他城市，中医药在上海具有先天的发展优势以及更加广阔的市场需求。

中医药发展瓶颈亟需改变。中医药具有"简、便、验、廉"特点。然而，受到近当代西医理论体系的影响，中医药的发展遇到了从所未有的挑战。统计显示，我国中药工业主营业务收入从 2017 年至 2020 年持续下降，下降幅度超过 30%，中药工业占整个医药产业比重从 29% 下降到 22%。我国 2021 年中医药诊疗人次在全国医疗卫生机构总诊疗人次中的占比也仅为 14.1%。可见，加强中医药的传承发展和创新利用，是牢记习近平总书记殷切嘱托、贯彻中央全面深化改革精神、实现健康中国新篇章的最有力践行。

（二）中医药在老年疾病预防、治疗、康复、健康管理和养生保健中的应用

中医药学是中国特有的医学理念与实践体系，在历史的传承和发展中，充分运用整体观，以系统论、"治未病"、辨证论治等理论为指导，实践证明，中医药在疾病治疗、养生保健、康复促进、慢病管理、健康服务以及多发病和常见病等方面发挥了重要的作用。

1. 中医药可改善老年人体质，提高免疫力，发挥"治未病"主导作用

"治未病"是中医药学不同于西医学的显著特色。随着年龄的增长，人体的免疫力逐渐下降，容易受到疾病的侵袭。中医认为，老年人的体质较弱，脏腑功能已经开始退化，此时需要通过中医调理身体，提高体质和免疫力。中医药通过调理气血、阴阳，调整机体的平衡，增强老年人的抵抗力。此外，老年人由于身体虚弱、药代动力学和药效动力学的改变，他们使用药物时更加容易出现药物副作用，甚至药物中毒的问题。

要充分发挥中医药的特色膏方剂和手法辅助疗法，开展中医营养膳食调理，持续健康管理，把好老年人用药管理，把更多中医非药物疗法纳入护理服务、家庭医生服务和长护险服务，促进疾病预防关口前移。

2. 中医药可治疗慢性病，缓解老年病痛，改善生活质量，发挥在重大疾病治疗中的协同作用

中医药可以通过综合治疗的方式，有效治疗老年人的慢性病。老年人常常伴随着各种病症，例如，关节炎、腰椎间盘突出、脑梗塞等，这些疾病会导致老年人的身体疼痛、精神紧张、影

响其生活质量。通过采用中药、中医手法等治疗方法，都可有效缓解老年人的疾患痛苦，缓解精神紧张和睡眠障碍，改善生活质量。

在一些重大疾病中，中医药还可以针药共治，很好地实现中、西医的结合与协同并用，在已经得到验证的病症中发挥积极的协同作用。"十年来，通过临床和机理研究，中医药在治疗缺血性中风、非小细胞癌、糖尿病、慢阻肺等一系列重大疾病、常见多发病方面均取得重要进展，形成了一批中医药特色治疗方案。比如，陈竺院士团队有关传统中药砷剂治疗急性早幼粒细胞白血病的作用机制研究获得舍贝里奖，陈香美院士团队的 IgA 肾病进展新机制研究获得国家科技进步一等奖，刘保延研究团队证实了针灸治疗女性压力性尿失禁具有显著优势。"这些研究为中医药传承发扬奠定了重要的临床治疗基础。

3. 中医药可通过辨证施护，综合运用中药、外治和非药物疗法，发挥在康复促进、健康管理和养生保健中的积极作用

中药传统方剂、非药物疗法和中医外治是中医明显区别于西医的特色治疗手段。特别是在基层和面向老年人的慢病管理、健康服务和康复医疗中，具有显著优势。老年人身体功能衰退是一个渐进的过程，因此通过中医药的内调外养、膳食营养搭配，有助于增强体质、提高免疫力，在疾病初起之前和进程之中做好提前干预，可延缓疾病急病发作，降低疾病严重程度。在日常慢病管理和身心调养中，也可以通过内服外用和中医手法促进健康恢复。

在针对半失能和失能老人的照护中，可以由家庭医生实现对家庭中药箱的管理，在巡诊中加入中药汤剂或中成药的干预。可以大力培养护理人员提供失能老人的运动辅助，促进肌体功能康复。例如老年皮肤溃疡患者可以通过使用中医外用药如上海龙华医院的金黄膏、白玉膏、生肌散等促进皮肤的消炎止痛和创面愈合。

此外，把中医文化嵌入中医科普教育与文化旅游、医养结合与养老地产项目，把老年中医科普教育打卡与中医药照护资源的使用结合起来，对于提高中医药文化的影响与渗透力具有良好的促进作用。综上可见，中医药在老年照护方面大有用武之地。

四、中医药老年照护面临的问题

（一）家庭是老年照护的"最后一公里"，中医药照护的供给亟待提升

从上海市养老服务、老年医疗两类老年机构来看，官方统计显示，截至 2022 年末，上海养老机构的床位数为 16.36 万张，社区长者照护之家床位数为 6 535 张，共有 1.54 万人获得日间照料，10.1 万人次获得助餐服务。老年医疗机构床位数为 2.66 万张。可见，按照"9073"政策实施，家庭照护是老年照护的主体。然而，家庭是老年照护的"最后一公里"，既缺乏专业护理人员，也缺乏中医全科医师，家庭的中医药老年照护的内涵和品质都亟待提升。

（二）养老与护理床位结构不平衡，护理床位需求缺口依然很大

根据《上海蓝皮书：上海社会发展报告（2022）》预测，到2025年上海户籍60岁及以上老年人口将达到600万人，老龄化率将突破40%。调查显示，通常自理和轻度失能老人更倾向于居家养老，只有中度和重度失能老人才是机构养老和护理的重点人群。按照《中国失能老人长期照护多元主体融合研究》披露（根据ADL量表），2020年中国失能老人数量为2 628万，中、重度失能老人为680万，由此推算中国老人失能率9.95%，中、重度失能率为2.58%。另有公开报道，上海的失能失智老人数量为63.65万人，按户籍和常住老年人口算，上海老人失能率分别为14.6%、10.94%，远高于全国。而当前老年护理床位2.66万张，即便按照年床位周转率2估计，仅可提供5.32万人次老年护理，老年护理床位需求缺口依然很大，其中，能够提供中医护理的床位更是少之又少。综上可见，上海市老年护理床位还远不能满足日益增长的需求。

（三）受中医学术发展、医疗机构管理导向和中医文化教育等多方面因素影响，全国中医临床诊疗的参与率依然较低

2006年起，国家中医药管理局制订和相继完善了中医临床适宜技术推广计划项目，迄今为止已经形成了数十个基层适宜技术。然而统计显示，我国中医药诊疗占比依然较低。究其原因主要有内因和外因两个方面。内因主要有中医药专业人员数量相对较少，学术发展相对缓慢、治疗手段相对单一，医院管理的效益和考核导向影响临床使用等；外因主要有公众认知不足、公民的中医药文化素养有待提升等。

长期以来对中医药发展的重视不足，学术发展相对缓慢，治疗手段单一，影响了中医药的广泛使用。 在过去的相当长一段时期内，国内对中医药发展的重视度不够。而现代西方医学随基础研究和科技进步，新技术、新疗法层出不穷，能够较好地满足发展的需求。相对而言，中医药的发展略显滞后，其治疗手段比较单一，中医循证医学缺少系统化发展，导致中医长期以来只能处于非主流地位，只能作为西医的补充手段。再加上医院管理偏重效益，弱化特色，"简便廉效"的优势反而成为中医药发展的劣势，从而影响中医药的广泛使用。

对中医药团队的发展支持有限，中医临床思维上比较西医化，医院管理对中医药的特色导向弱化。 受西医影响，对中医理论信念不坚定，临床缺少中医辨证思维，以方套药、废医存药的现象普遍，中医学术精髓未能得到有效传承，中医临床标准化和规范化相对缺失，导致中医特色陷入负循环，中医特色逐渐弱化。在医院管理方面，也存在重绩效、轻特色的导向，并且愈演愈烈，这直接动摇了中医药事业的发展根基。

受资源紧缺限制，中医特色诊疗技术的应用还不充分。 由于资源紧缺的限制，特别是缺少熟练专业的护理人才，部分基层老年病机构的中医或中西医结合医师、全科医生和家庭医护团队的中医药医护能力不足，导致在护理站、家庭病床，甚至是医院老年护理单元等机构所提供的老年照护中，中医特色诊疗技术的应用还极不充分。

公众的中医药文化素养需要加强，行动率有待提升。 根据《2020 年上海市中医药健康文化知识普及和素养水平分析研究》调研成果，上海居民的中医药文化素养有一定提高。中医药知识普及率、阅读率和信任率基本持平。虽然行动率略有提高，但是行动率依然有较大提升空间。

表 2　2019 年和 2020 年上海中医科普情况

指标	2019 年（%）	2020 年（%）	增长百分点
普及率	94.8	94.0	−0.8
阅读率	93.3	92.7	−0.6
信任率	91.2	92.1	+0.9
行动率	63.8	67.2	+3.4

五、中医药老年照护面临的发展机遇

近年来，政府大力推动中医药发展。规划到"十四五"末，全国的公民中医药文化素养水平达到 25%，上海 33%。此外，规划上海的二级及以上的公立医院和中医类医院 100% 设置治未病科室、中医临床科室、康复医学科室，65 岁以上老人的中医健康管理率达到 75%。显而易见，上海的规划指标高于全国，所肩负的中医药发展标杆引领责任也更大，中医药的发展也更加可期。

表 3　我国中医药"十四五"规划指标

序号	主要指标	2020 年	2025 年	指标性质
1	中医医疗机构数（万个）	7.23	9.50	预期性
2	中医医院数（个）	5 482	6 300	预期性
3	每千人口公立中医医院床位数（张）	0.68	0.85	预期性
4	每千人口中医类别执业（助理）医师数（人）	0.48	0.62	预期性
5	每万人口中医类别全科医生数（人）	0.66	0.79	预期性
6	二级以上公立中医医院中医类别执业（助理）医师比例(%)	51.58	60	预期性
7	二级以上中医医院设置康复（医学）科的比例(%)	59.43	70	预期性
8	三级公立中医医院和中西医结合医院（不含中医专科医院）设置发热门诊的比例(%)	—	100	约束性
9	二级以上公立中医医院设置老年病科的比例(%)	36.57	60	预期性
10	县办中医医疗机构（医院、门诊部、诊所）覆盖率(%)	85.86	100	预期性
11	公立综合医院中医床位数（万张）	6.75	8.43	预期性
12	二级以上公立综合医院设置中医临床科室的比例(%)	86.75	90	预期性
13	二级妇幼保健院设置中医临床科室的比例(%)	43.56	70	预期性
14	社区卫生服务中心和乡镇卫生院设置中医馆的比例(%)	81.29	力争到 2022 年全部设置	预期性
15	公民中医药健康文化素养水平(%)	20.69	25	预期性

注：1 中医医疗机构包括中医医院（含中西医结合医院、少数民族医医院）、中医门诊部（含中西医结合门诊部、少数民族医门诊部）、中医诊所（含中西医结合诊所、少数民族医诊所）。
2 二级以上公立中医医院中医类别执业（助理）医师比例统计范围不含中西医结合医院和少数民族医医院。

表4 上海中医药"十四五"规划指标

序号	类别	主要指标	2025目标	属性
1	卫生健康资源	每千人口公立中医医院床位数（张）	增加10%	预期性
2		每千人口中医类别执业（助理）医师数（人）	增加10%	预期性
3		每万人口中医类别全科医生数（人）	增加10%	预期性
4		二级及以上公立中医医院中医类别执业（助理）医师比例（%）	60	约束性
5		社区卫生服务中心中医类别执业（助理）医师比例（%）	25	预期性
6		设置中医临床科室的二级及以上公立综合医院比例（%）	100	预期性
7		设置中医临床科室的二级及以上妇幼保健机构比例（%）	100	预期性
8		设置治未病科的二级及以上中医类医院比例（%）	100	预期性
9		设置康复（医学）科的二级及以上中医类医院比例（%）	100	预期性
10		设置老年病科的二级及以上公立中医类医院比例（%）	增加10%	预期性
11	卫生健康服务	0—36个月儿童中医药健康管理率（%）	75	预期性
12		65岁以上老年人中医药健康管理率（%）	75	预期性
13		家庭医生团队中医药服务覆盖率（%）	100	约束性
14		中医医疗服务数字化转型应用场景	新增3个	预期性
15	人才队伍	高层次中医药人才	新增50人	预期性
16	健康产业	中医药健康服务总规模	增加50%	预期性
17		中医药产业共性技术平台	新增5个	预期性
18	健康文化	上海公民中医药健康文化素养水平（%）	33	预期性
19	品牌建设	社区中医特色诊疗服务品牌	50个	预期性

六、结论与展望

发挥中医药的老年照护作用，需要从根本上营造中医药老年照护推广应用和创新发展的良好生态，初步提出以下三方面举措：

第一，加强中医医护人员培养。以"大中医、大教育、大覆盖"的系统性理念，大力增加对护理人员和中医全科医师的系统培训，以提升其专业技能；在长护险中纳入更多中医护理内容，以提升中医护理的内涵和品质；进一步扩大中医家庭医生的覆盖面，使更多的老年人和家庭受益。

第二，给予中医适宜技术应用场景松绑。中医在内科、外科、康复和护理等各科领域都拥有具有一定特色的中医适宜技术，包括中医医疗技术、护理技术和康复技术。要鼓励支持中医适宜技术进入老年照护领域，推动各级中医院和综合医院中医科承担起培训职责，形成厚植中医的沃土，促进中医适宜技术在家庭病床、护理站等各类老年照护机构的广泛应用。

第三，优化中药院内制剂推广应用和成果转化的生态。通过药监和医保政策支持，建立优质中药院内制剂推广应用的机制，扩大社会受益面，使药企有能力投入研发，支持院内制剂的转化。目前部分医院通过区域医联体协议，使院内制剂可以跨医院使用，增加群众对中医药的知晓度和切身感受，但远不能满足老年照护的需求。政策支持将为中药院内制剂尤其是中药外用制剂的成果转化提供广泛的应用基础和市场生存条件。

当前，国家和地方各级政府已充分意识到老年照护的紧迫性以及中医药发展的重要性，在老龄健康工作、中医药发展规划、中医护理、医疗与养老保险等多项政策文件中为中医药老年照护提供了多维度、全方位的发展支持。各类医疗和老年照护机构中有望嵌入更多的中医药服务，公民的中医药文化素养也将得到全面提升，中医药老年照护发展将迎来更加广阔的发展空间。

最后，基于所能查阅到的公开的统计数据比较有限，中医药在老年照护中的实际应用情况还有很多细节不能展开深入探讨，特别是对于影响因素和细化对策研究涉及较少。建议政府集中力量委托第三方专业机构开展中医药在老年照护方面的专项调研、评价与对策研究，开展数据跟踪，实现精准施策和中医药老年照护的全国示范点的目标。

（陈昕琳、刘晖、朱毅玮）

参考文献

[1] 国家卫生健康委员会.2021年我国卫生健康事业发展统计公报[R].(2022-07-12).

[2] 曹信邦.中国失能老人长期照护多元主体融合研究[M].北京：社会科学文献出版社，2020.

[3] 上海市卫生健康委员会.上海市中医药发展"十四五"规划 沪卫中发〔2021〕22号[A].(2021-11-29).

[4] 上海市政府.上海市老龄事业发展"十四五"规划 沪府办发〔2021〕3号[A].(2021-06-03).

中国城市与国际城市碳达峰碳中和对标研究

一、碳中和成为国际共识，城市行动至关重要

全球变暖及其引发的海平面上升、极端天气事件频发等一系列问题是21世纪人类面临的重大挑战。近5年来，全球气候变化明显加剧，自1840年以来，全球平均气温已上升了1.2℃（World Meteorological Organization，2021），大范围热浪、频发的野火、超强热带气旋、洪水和干旱等自然灾害与极端气候事件导致了不可估量的人员、粮食与经济损失。目前，海平面上升导致全球2.5亿人所在地区已面临沿海洪水灾害风险，超过1.5亿人定居生活地区将低于海水涨潮水位线；到2100年，中国将有4 600万人面临海岸洪水的威胁（Kulp and Strauss，2019）。因此，减缓气候变暖密切关系人类的生存环境，是实现联合国可持续发展目标（如粮食安全和消除贫困）的重要部分（Rosenzweig et al.，2010; Rosenzweig and Solecki，2018; Shi et al.，2019）。

城市碳达峰碳中和对于实现国家碳中和至关重要。随着城市化的不断推进，到2030年中国城市化率将达约70%，中国未来有望形成长三角、京津冀、长江中游、山东半岛、成渝等5个人口亿级城市群（邱凯付，2020）。城市既是经济中心、人口中心、产业中心，也是气候行动的主要利益相关方。城市人口的高度集中使它们更容易受到气候变化的影响（Creutzig et al.，2016）。城市既是二氧化碳的主要排放源，也是碳中和的主阵地和治理抓手。城市能源活动排放量占全球二氧化碳排放量的70%以上，城市占全球地面面积却不足2%。因此，城市是应对气候变化行动的焦点（Grafakos et al.，2019）。为尽快推进低碳转型，减少能源活动带来的碳排放，必须加快典型城市面向碳中和的低碳减排路径研究。

城市转型联盟的全球城市报告显示：现有的低碳技术（建筑、交通、材料）能够让城市温室气体减排90%以上（Coalition for Urban Transitions，2019）。过去二三十年的国际经验表明，低碳不仅不影响经济发展，而且促进经济发展。有效整合经济发展和适应气候行动的城市发展战略可以实现经济增长与碳排放脱钩。美国旧金山市从1990年开始，经济增长了110%，同期碳排放降低了30%。丹麦首都哥本哈根从2005年以来，经济增长了24%，碳排放减少了42%。低碳城市方案的提出与实施已经成为城市转型提质发展的重要举措。

国际上许多城市出台气候行动计划，推广100%可再生能源发电、提倡低碳出行和提升绿色出行服务、超低能耗建筑和废弃物减量循环等重点措施，构成清晰的碳中和路线图。丹麦首都哥本哈根和澳大利亚阿德莱德的碳中和目标为2025年。美国博尔德承诺到2030年实现碳中和。法国巴黎、英国伦敦、美国洛杉矶及纽约则计划2050年实现碳中和。具体国际城市碳中

和行动计划梳理见表 1。

表 1　碳中和城市行动计划

城市	碳中和目标	城市典型气候行动计划
阿德莱德，澳大利亚	2025 年	碳中和策略：节能的建设形式、零排放交通、100% 可再生能源、减少废弃物和废水排放、碳排放抵消
哥本哈根，丹麦	2025 年	碳中和策略集中在电力、供热和交通方面，包括使用本地可再生能源风能和生物质能满足城市供热与电力需求，提高建筑能效，鼓励自行车、公共交通、电动车和氢能车等低碳出行方式，并在 2025 年使用碳抵消来减少 75% 交通碳排放
博尔德，美国	2030 年	包括本地可再生能源发电，提高能源效率，推广电动汽车，减少用水，减少废弃物等，2030 年前实现全社会 100% 可再生能源发电
赫尔辛基，芬兰	2035 年	到 2035 年，在 2005 年基础上分别在建筑部门减少 82%，交通部门减少 69% 碳排放。主要策略为提高能源效率和使用可再生能源如余热和生物质能源，提高交通电气化
阿姆斯特丹，荷兰	2050 年	到 2030 年实现减排 55%，2030 年实现地方交通零排放，荷兰计划在不久的将来禁止新建住宅使用天然气，到 2040 年实现城市无天然气
伦敦，英国	2050 年	碳中和策略包括能源低碳化和减少现有建筑的排放。2020—2025 年建设零碳示范区，对内燃机车行驶收费；2026 年实现零废弃物填埋，禁止新建住宅使用天然气；2018—2022 年均值较 1990 年下降 40%；2023—2027 年均值较 1990 年下降 50%；2028—2032 年均值较 1990 年下降 60%；2040 年实现供热及电网完全脱碳。到 2050 年实现交通建筑零碳，安装 2GW 光电装机，剩余约 20% 碳排放使用碳抵消
巴黎，法国	2050 年	2020 年，较 2004 年减排 25%；2030 年，较 2004 年减排 40%。到 2020 年，可再生能源比例提升至 25%；到 2030 年，彻底淘汰化石燃料（2024 年淘汰煤），可再生能源比例提升至 45%；到 2050 年，100% 使用可再生能源，其中 20% 来自本地。到 2030 年，建筑领域能耗减少 30%；到 2050 年，完成 100 万套住房和 5000 万平米商用建筑的更新改造，建筑领域能耗减少 50%
旧金山，美国	2050 年	碳中和策略为 0-80-100-Roots 战略：零废填埋、80% 非私家车出行、2030 年 100% 可再生能源和保护城市森林绿地
洛杉矶，美国	2050 年	到 2025 年，洛杉矶水电局（LADWP）将为洛杉矶整体上提供 55% 的可再生能源，到 2036 年达到 80%，2045 年实现 100% 可再生能源；到 2025 年，零排放车辆比例提高到 25%，2035 年达到 80%，2050 年达到 100%。到 2030 年，所有新建建筑均为净零碳排放建筑；到 2050 年，100% 的建筑将达成净零碳。同时，到 2025 年，建筑能耗强度减少 22%；到 2035 年为 34%；到 2050 年为 44%；到 2050 年实现 100% 的净零排放
纽约，美国	2050 年	纽约市实现碳中和的策略是摆脱化石能源的依赖，转向可再生能源利用，主要措施包括"城外集中式可再生能源发电＋城内分布式光伏发电＋城市废水处理和有机垃圾产生的沼气发电＋储能体系"，到 2040 年实现 100% 零碳发电。此外，还有最大化提高所有建筑的能源利用效率，推广零排放汽车，号召居民从私家车辆转向公共交通、自行车或步行，零废弃物排放，拓展具有碳汇作用的绿色空间
西雅图，美国	2050 年	2020 年减排 30%，2030 年减排 58%，2050 年实现碳中和。措施重点在减少私家车出行、提高建筑和机动车能效、能源结构低碳化
波特兰，美国	2050 年	2025 年相比 1990 年实现 40% 减排，2050 年实现 100% 可再生能源，减排 80%

（续表）

城市	碳中和目标	城市典型气候行动计划
多伦多，加拿大	2050年	到2050年，多伦多100%的汽车将采用低碳能源；5公里以下的行程中，75%是步行或骑自行车。2050年目标为75%可再生能源。GHG减排目标（基于1990年）：到2020年减排30%，到2030年减排65%，2050年减排80%，实现碳中和
首尔，韩国	2050年	重点关注建筑和交通部门（占88%总碳排放量），主要策略为提高既有建筑能源利用效率，2025年新建面积≥1 000m² 建筑物为零能耗建筑，加快电动汽车及其基础设施发展和增加屋顶绿色空间
东京，日本	2050年	2030年，较2020年减排50%。建设以可再生能源为主的能源体系，可再生能源电力占比50%，扩大氢能利用规模；推广零排放建筑；2030年禁售汽油车，新车中零排放车辆占比50%
新加坡	21世纪后半叶	到2030年碳排放达峰，到2050年碳排放减少至3 300万吨，具体减排措施包括：到2030年太阳能装机容量达到2GW，2025年后部署200兆瓦的储能装机；到2030年，实现80%建筑为绿色建筑，并提高绿色建筑能效标准，至少减少15%现有政府组屋能耗；2030年实现75%的公共交通出行比例；到2030年要求新注册车辆均为清洁能源类型；2026年人均废物量减少20%

资料来源：Carbon Neutral Cities Alliance, 2021。

二、城市对标方法学选择

对标是城市在竞争中开展学习的重要一步。城市对标意味着高位推动，可发挥"练兵""带人""成事"的作用。但是，对标不能盲目进行，需要精准对标并开展地毯式全方位学习和赶超，城市对标是循证学习或基于证据的学习，而不是不加判断的照抄或盲目跟风。开展城市碳达峰和碳中和对标，确定方法学和对标边界是重要的一步，也是国际比较中长期回避的问题。中国城市与西方城市不同，管辖范围包括了农村、原野，不能简单统计指标间比较。本部分将从方法学、边界、适用情况等方面进行探讨。

《IPCC国家温室气体清单指南》是国际上公认的针对国家层面温室气体核算的指南标准，然而目前国际上尚未有针对城市层面温室气体核算的国际公认核算指南，但也有不少国际组织和机构相继发布了与城市温室气体核算密切相关、在国际城市间具有广泛认可度的指南。例如，倡导地区可持续发展国际理事会（ICLEI）制定了首个协议——《国际地方政府温室气体排放分析协议》（IEAP），可以协助城市尺度的地方政府量化其内部运作和整个区域在其地缘政治范围内的温室气体排放（ICLEI, 2009）。2010年，联合国环境规划署（UNEP）、联合国人类住区规划署（UN-HABITAT）和世界银行联合制定了针对城市温室气体核算的《城市温室气体排放的国际标准》（ISDGC）。此外，温室气体核算体系（旧译温室气体议定书，GHG Protocol）由世界可持续发展工商理事会（WBCSD）和世界资源研究所（WRI）共同发布，是全球使用范围最广的国际温室气体核算标准，其中包含的《城市温室气体核算国际标准》（GPC, Global Protocol for Community-Scale Greenhouse Gas Emission Inventories: An Accounting and Reporting Standard for Cities），旨在帮助政府和商业领导理解、量化和管理与城市相关的温室气体排放。英国标准协会（BSI）发布了针对全球城市的温室气体评价规范《PAS 2070》，适用于不同规模和文化的城市碳足迹量化、分析、评价。此外，世界资源研究所（WRI）、中国社会科学院城市发展与环境研究所、世界自然基金会（WWF）和可持续发展社区协会（ISC）也于2014年共同研究开发了国内首个针对中国城市的《城市温室气体核算工具（测试版1.0）》（蒋小谦等，2014）。表2反映了不同城市温室气体核算标准的边界范围差异性。

表2 现有城市温室气体核算国际标准的边界和范围比较

标准名称	国际地方政府温室气体排放分析协议 IEAP（2009）	城市温室气体排放的国际标准 ISDGC（2010）	城市温室气体核算国际标准 GPC（2014）	全球城市的温室气体评价规范 PAS 2070（2014）	城市温室气体核算工具（测试版1.0）（2014）
城市边界	组织边界	地缘政治边界	领土边界	地理边界	地理边界	地理边界
核算的范围1	与地方政府拥有或运营相关的所有直接排放	位于地方政府地缘政治边界内的所有直接排放	发生在城市领土（行政）边界内的温室气体排放	发生在城市地理边界内的温室气体排放	来自城市地理边界范围内的所有直接的温室气体排放	发生在城市地理边界内的排放，即直接排放，例如生产过程中燃烧煤炭、城市内供暖过程中燃烧天然气、城市内交通造成的排放等
核算的范围2	仅限于与地方政府拥有或运营相关的电力、集中供暖、蒸汽和冷却相关的间接排放	在司法管辖区地缘政治边界内，仅限于以电力、区域供暖、蒸汽和冷却消费活动所造成的间接排放	因城市内的活动在城市边界外产生的间接排放，仅限于：电力*、区域供暖、蒸汽和制冷	由于在城市地理边界内使用电网供电、热能、蒸汽和/或制冷而产生的温室气体排放	与能源相关的间接温室气体排放，即在城市地理边界内使用电网供电、集中供暖或制冷而产生的温室气体排放	城市地理边界内的活动消耗的调入电力和热力（包括热水和蒸汽）相关的间接排放
核算的范围3	地方政府拥有控制权或管辖权的其他间接排放和隐含排放	由于地缘政治边界内的活动而发生的所有其他间接和隐含排放	在城市边界外因城市内的活动而产生的其他间接和隐含排放，包括（但不限于）：电力传输和分配损失*、固体废物处理*、垃圾焚烧*、废水处理*、航空*、海运*、发电厂上游的隐含排放、燃料隐含排放、进口建筑材料隐含排放、进口水隐含排放、进口食品隐含排放等	因城市地理边界内进行的活动而在城市边界外产生的所有其他温室气体排放	因城市地理范围内的活动而产生的间接温室气体排放（即除范围1和范围2外）	除"范围2"排放以外的所有其他间接排放，包括上游和下游排放。前者包括原材料异地生产、跨境交通以及进口的商品和服务的上游排放，后者包括跨境交通、跨境废弃物处理和商品使用产生的排放等

注：*表示ISDGC标准强调必须核算的排放源。

三、世界主要城市群碳达峰指标比较

表3 五大城市群能源、碳排放相关指标对比

城市群	纽约城市群	旧金山城市群	东京城市群	粤港澳城市群	京津冀城市群
能源消费达峰时间	1973年	2005年	2007年	--	--
能源消费总量（亿吨标煤）	2.36	0.72	1.17	2.61	4.76
能源强度（吨标煤/万元人民币）	0.14	0.15	0.09	0.21	0.55
人均用能（吨标煤/人）	10.1	10.2	4.4	3.01	4.32
碳排放总量（亿吨）	2.5	1.0	3.3	4.5	13.42
碳强度（吨CO_2/万元人民币）	0.19	0.14	0.27	0.36	1.55
人均碳排放（吨CO_2/人）	11.0	12.9	7.5	5.19	12.15

研究发现，京津冀城市群碳排放总量和强度远高于其他四个城市群，20年来京津冀城市群的碳排放规模高速增长，导致目前碳排放规模巨大。与其他四个城市群相比，京津冀城市群无论是在碳排放增速上，还是在碳排放规模上都显得非常突出。京津冀城市群的二氧化碳排放规模远超其余城市群。旧金山城市群和纽约城市群的二氧化碳排放规模分别只有京津冀城市群的7.5%和18.6%，东京城市群和粤港澳城市群的二氧化碳排放规模略大一些，分别只有京津冀城市群的24.6%和33.5%。未来京津冀城市群经济社会快速发展的前提下，仍需要控制碳排放增量，尽快实现碳排放低位达峰，挑战较大；京津冀城市群人均能耗最低。从世界大部分先发国家走过的历程看，人均GDP从一万美元到三四万元之间，人均能源消费量还会有比较明显的增长（目前仍略小于旧金山城市群）。但京津冀城市群人均碳排放量却偏高，这主要与天津市和河北省碳排放量较高有关。

表4 对标城市群主要核心城市绿色低碳、零碳政策比较

核心城市	规划	碳中和时间	目标	主要途径
纽约	《只有一个纽约：2050城市总体规划》（One NYC2050）	2050	2030年CO_2排放较2005年下降40%；2050年较2005年下降80%	减缓气候变化：交通、建筑、电力、垃圾 适应气候变化：空气质量、防灾、宜居空间 立法+独立机构统筹协调规划
东京	《东京零碳排放战略2050》	2050	2030年CO_2排放较2000年下降30%；2050年零碳排放	能源：使用多种可再生能源、发展氢能 基础设施：建筑零碳排放、汽车零碳排放可持续资源管理：塑料和其他资源可持续利用、生产、分配和消费阶段环境负担最小 气候适应于减缓：在基础设施、应急管理、试点示范、提升空气质量等

（续表）

核心城市	规划	碳中和时间	目标	主要途径
中国澳门	《澳门特别行政区经济和社会发展第二个五年规划（2021—2025）》	2045	2030年碳强度比2050年下降60%—65%	控制温室气体：能源结构调整、电气化、技术创新、提高效率、购买绿电 提高适应气候变化能力：低于极度天气、稳定水资源
中国香港	《香港气候行动蓝图2050》	2050	2035年 CO_2 排放较2014年《碳达峰》下降50%	净零发电、节能绿建、绿色运输、全民减废；气候适应及应变 绿色金融：成立绿色和可持续金融跨机构督导小组，协助金融业应对气候和环境风险及迈向碳中和
北京	《北京碳达峰实施方案》	2050	到2025年，可再生能源消费比重达到14.4%以上，单位地区生产总值能耗比2020年下降14%，单位地区生产总值二氧化碳排放下降确保完成国家下达目标；到2030年，可再生能源消费比重达到25%左右，单位地区生产总值二氧化碳排放确保完成国家下达目标，确保如期实现2030年前碳达峰目标	深化落实城市功能定位，推动经济社会发展全面绿色转型；强化科技创新引领作用，构建绿色低碳经济体系；持续提升能源利用效率，全面推动能源绿色低碳转型；推动重点领域低碳发展，提升生态系统碳汇能力；加强改革创新，健全法规政策标准保障体系；创新区域低碳合作机制，协同合力推动碳达峰、碳中和；加强组织领导，强化实施保障
天津	《天津市碳达峰碳中和促进条例》《天津市财政支持做好碳达峰碳中和工作的实施意见》《天津市科技支撑碳达峰碳中和实施方案（2022—2030年）》	2060	到2025年，在重点行业和领域突破一批关键核心技术，支撑单位地区生产总值能耗和二氧化碳排放完成国家下达指标，支撑非化石能源占能源消费总量比重达到11.7%以上，初步构建起绿色低碳技术创新体系；到2030年，支撑单位地区生产总值能耗大幅下降、单位地区生产总值二氧化碳排放比2005年下降65%以上，支撑非化石能源比重力争达到16%以上。	绿色转型，调整能源结构、推进产业转型、促进低碳生活；降碳增汇；科技创新；激励措施；法律责任；

(续表)

核心城市	规划	碳中和时间	目标	主要途径
河北	《关于完整准确全面贯彻新发展理念认真做好碳达峰碳中和工作的实施意见》	2060	到2025年，绿色低碳循环发展的经济体系初步形成。全省单位地区生产总值能耗和二氧化碳排放确保完成国家下达指标；非化石能源消费比重达到13%以上；森林覆盖率达到36.5%，森林蓄积量达到1.95亿立方米，为实现2030年前碳达峰奠定坚实基础。到2030年，经济社会发展绿色转型取得显著成效，重点耗能行业能源利用效率达到国际先进水平。单位地区生产总值能耗和二氧化碳排放继续大幅下降；非化石能源消费比重达到19%以上；森林覆盖率达到38%左右，森林蓄积量达到2.20亿立方米，确保2030年前碳达峰。到2060年，绿色低碳循环发展的经济体系和清洁低碳安全高效的能源体系全面建立，整体能源利用效率大幅提高，非化石能源消费比重大幅提升，碳中和目标顺利实现	深度调整优化产业结构，加快绿色转型发展；加大节能减排力度，加快构建清洁低碳安全高效的能源体系；有效调整优化运输结构，加快推进低碳交通运输体系建设；大力推广低碳生产生活和建筑方式，全面提升城乡建设绿色低碳发展质量；加大绿色低碳重大科技攻关和推广应用力度，集中力量突破关键技术；持续巩固提升碳汇能力，全面推进生态体系建设；加强绿色产能国内国际合作，提高对外开放绿色低碳发展水平；有序推进区域碳达峰碳中和，加快示范区建设；健全地方法规标准和统计监测体系，坚持分类指导和有序推进；进一步优化政策机制，有效发挥市场配置能源资源作用

研究发现，各城市群的共同点为：各核心城市都发布了CO_2减排规划，提出了具有雄心的中长期目标；明确了碳达峰碳中和的实现路径——减缓气候变化和适应气候变化、创新技术、电气化等。但其区别在于，西方发达经济体由于早已完成其废水横流、工业碳过量排放的工业化进程，步入后工业化时代，因此碳排放早已在20世纪80年代达峰，并随后保持平稳。而中国等新兴经济体，由于早期仍处于农耕时代，进入工业文明比发达国家晚了很多年，碳排放仍处在攀升期。因此，纽约、东京等城市群的减碳核心落位于建筑和交通，而京津冀城市群还有产业结构、能源结构转型、技术突破与创新等任务。正因为纽约、东京等核心城市群的碳达峰时间远早于我们，如纽约在2005年实现了碳达峰，东京在2013年也实现了碳达峰；而我国的碳达峰目标是定在2030年。因此，我国要在2060年达到碳中和目标，任务非常艰巨。纽约、东京等城市群的全民减碳行为更为普及，我国绿色低碳生活与消费存在滞后性，还需进一步激发活力。纽约、东京等拥有独立的机构统筹协调管理；北京市发布《北京碳达峰实施方案》，强调市碳达峰碳中和工作领导小组办公室、市委组织部、各区政府、北京经济技术开发区管委会等按职责分工负责；天津市是多部门联合支持碳达峰碳中和工作。

（刘耕源　北京师范大学环境学院）

参考文献

[1] British Standards Institution(BSI). PAS 2070: 2013 Specification for the assessment of greenhouse gas emissions of a city[S]. London: BSI Standards Limited, 2013.

[2] British Standards Institution(BSI). Application of PAS 2070-London, United Kingdom: An assessment of greenhouse gas emissions of a city[S]. London: BSI Standards Limited, 2014.

[3] Carbon Neutral Cities Alliance. Mobilizing Transformative Climate Action in Cities [EB/OL]. [2022-03-24]. https://carbonneutralcities.org/.

[4] Coalition for Urban Transitions. Climate Emergency, Urban Opportunity: How national governments can secure economic prosperity and avert climate catastrophe by transforming cities[R/OL]. (2019-09-19). https://urbantransitions.global/en/publication/climate-emergency-urban-opportunity.

[5] Creutzig F, Agoston P, Minx J, Canadell J, Andrew R,Quéré C, Peters G, Sharifi A, Yamagata Y, Dhakal S. Urban infrastructure choices structure climate solutions[J]. Nature Climate Change, 2016, 6: 1054-1056.

[6] Grafakos S, Trigg K, Landauer M, Chelleri L, Dhakal S. Analytical framework to evaluate the level of integration of climate adaptation and mitigation in cities[J]. Climatic Change, 2019, 154: 87-106.

[7] International Council for Local Environmental Initiatives(ICLEI). International Local Government GHG Emissions Analysis Protocol,Version 1.0(IEAP)[Z].

[8] Kulp S A, Strauss B H. New elevation data triple estimates of global vulnerability to sea-level rise and coastal flooding[J]. Nature Communications, 2019, 10(1): 4844.

[9] Rosenzweig C, Solecki W, Hammer S A, Mehrotra S. Cities lead the way in climate change-action[J]. Nature, 2010, 467: 909-911.

[10] Rosenzweig C, Solecki W. Action pathways for transforming cities[J]. Nature Climate Change, 2018, 8(9): 756-759.

[11] Shi Q, Ren H, Cai W, Gao, J. How to set the proper level of carbon tax in the context of Chinese construction sector? A CGE analysis[J]. Journal of Cleaner Production, 2019, 240: 117955.

[12] World Meteorological Organization. State of the Global Climate 2021[R]. (2021-10-31). https://public.wmo.int/en/media/press-release/state-of-climate-2021-extreme-events-and-major-impacts.

[13] World Resources Institute(WRI), C40 Cities Climate Leadership Group(C40),

International Council for Local Environmental Initiatives(ICLEI). Global Protocol for Community-scale Greenhouse Gas Emission Inventories: An Accounting and Reporting Standard for Cities[R]. (2014-12-08). http://www.wri.org/research/global-protocol-community-scale-greenhouse-gas-emission-inventories.

[14] 邱凯付. 城市群发展阶段与比较研究[J]. 城乡建设, 2020, 587(8): 28-30.

[15] 蒋小谦, 房伟权, 庄贵阳, 等. 城市温室气体核算工具指南（测试版1.0）[Z]. (2013-09-12). 世界资源研究所（WRI），中国社会科学院城市发展与环境研究所，世界自然基金会（WWF），可持续发展社区协会（ISC）.

上海循环经济发展的机遇和挑战

发展循环经济，上海拥有扎实的工作基础。面对这一新的发展机遇，也存在着一定的挑战。为此，上海需要对标国家的部署安排，紧密结合发展实际，构建"两核三轴多支点"的循环发展格局。以现代能源体系为"核"，扩大绿色能源供给；以产业绿色转型为"核"，带动循环经济生态链；以绿色金融体系为"轴"，培育循环市场新动能；以绿色技术变革为"轴"，服务全国性循环经济发展行动；以绿色文化弘扬为"轴"，引领低碳循环生活新时尚；以重点区域与产业为"支点"，打造创新试点示范。将发展循环经济的目标实现融入生态文明建设整体布局和经济社会发展全局之中，完成经济社会发展任务，守住资源安全保障底线，实现资源循环目标。

一、以现代能源体系为"核"，通过绿色能源供给支持循环经济发展

基于"绿电东送"这一重大历史机遇，上海应加快推动"陇电入沪"直流输电通道项目的纳规及落地。进一步促进长三角电网互联互通建设，形成外来电从东南西北全方位输入上海电网的供电网络。借助西北地区的资源优势，加快形成上海市能源企业与西北部区域的合作，扩大风电项目的建设投资，推动风电的低成本、智能化发展。此外，我国生物质资源总量庞大，每年可作为能源利用的总量相当于 4.6 亿吨标准煤，占国内能源消耗总和的 1/10。通过多元固废厌氧共发酵工艺技术等，可实现农作物秸秆、畜禽粪污以及餐厨垃圾、园林绿化废物等多种城乡有机废物的规模化处理，在减废的同时实现绿色能源的供给。在此绿色能源为主体的新型电力系统构建下，可助力循环经济产业链条上的企业进行绿色生产制造。

二、以产业绿色转型为"核"，通过绿色产业带动循环经济生态链的低碳发展

针对上海的产业特征，以大力发展循环经济为契机，实现产业结构的绿色转型，逐步转向低耗、低排、高效的增长方式。

立足以钢铁为代表的第二产业，严控粗钢产能，大力发展短流程炼钢。将废钢为原料相比以铁矿石为原料炼钢，每生产 1 吨可减少约 1.6 吨二氧化碳排放。2020 年我国废钢利用量约为 2.6 亿吨，减少二氧化碳排放约 4.16 亿吨。因此，应着力于促进废钢的规范利用，扩大废钢回

收的规模，提升废钢再利用的经济效益。

构建多层次的城市废旧资源高效循环利用体系。推动城市资源循环利用可有效减少碳排放。例如，1 吨废纸的循环利用可减少二氧化碳排放量约 9 吨，1 吨废塑料的循环利用可减少二氧化碳排放 0.98 吨。应聚焦塑料废弃物、纺织废弃物、汽车动力电池、废纸等全品类废弃物，进行分门别类的资源化再利用，让城市废旧资源变废为宝，成为新的城市矿产。

三、以绿色金融体系为"轴"，培育绿色、循环市场新动能

绿色金融制度建设夯实金融支撑基础。依托《上海市浦东新区绿色金融发展若干规定》，推动产业端绿色评价标准的研究制定。建设绿色项目库和绿色债券项目库，为产融之间的衔接提供支撑。鼓励 ESG 等信息披露，逐步推行强制性披露，解决产融信息不对称问题。

深化绿色金融开放，对接国际循环经济的资本市场。充分发挥浦东的金融总中心效应，拓展绿色金融的国际合作，在自由贸易试验区及临港新片区进行跨境资金流动的先行试点，为企业的绿色发展提供更为快速、便捷的境外投融资服务。

创新多元化的绿色金融产品供给，服务循环经济产业。引导金融机构创新金融产品及服务；鼓励私募股权基金、创业投资基金等投向绿色企业、绿色项目、绿色技术；为绿色低碳的各类循环技术的成果转化和应用提供融资支撑；鼓励金融机构拓展环境权益融资等业务。

促进碳普惠平台建设，将循环经济发展延展至消费端。推动长三角一体化碳普惠联动。联动数据基础较好的区域进行碳普惠联建试点，实现规则标准共建、信息项目共享。注重创新引领，建立制度标准，形成科学的减排量核算方法。建立个人"碳账户"，扩展应用场景，让民众切身感受循环和降碳行为所带来的减碳效果。

四、以技术变革为"轴"，服务全国性循环经济发展行动

对标国际科技前沿，以学科交叉强化基础理论研究。开展循环经济相关的科学探索，包括废塑料的裂解技术、废旧纺织品化学回收、光伏组件等新型废弃物的循环利用等相关科学理论的基础研究。构建新理论，建设新方法，创新新材料，形成新技术，服务全国的循环经济发展。

强化科技成果转化的服务体系建设。依托绿色技术银行、上海技术交易所等平台，全面提高低碳循环技术成果的转化效率。完善低碳循环技术标准，促进低碳循环技术的研发和应用。

五、以绿色文化弘扬为"轴"，引领低碳循环生活新时尚

建立高效绿色管理体系。各有关主管部门建立成熟的工作机制和全覆盖的管理网络，建设节能工作队伍，构建目标责任制管理体系，运用财政、税收和政府绿色采购等多种政策手段支

持绿色能源发展。例如，对风电、光伏等清洁能源、节能设备相关项目等提供增值税、消费税和企业所得税等优惠政策；在建筑节能、公务用车更新配置等方面，优先采购绿色产品，完善绿色产品政府采购制度；组织开展资源循环、绿色办公、低碳出行等主题宣传活动，打造绿色循环示范。

强化全民绿色宣传，提升循环经济认知。通过全国节能宣传周、低碳日、碳博会等，借助电视、网络等媒介，构建全社会、全方位、全覆盖的宣传体系。引导居民积极参与绿色消费，在衣、食、住、行等日常行为中践行绿色、低碳、循环的生活方式。例如，购买使用节能节水电器，减少一次性物品使用，避免食物浪费，践行垃圾分类，选择步行、公交等绿色出行方式等。

六、以重点区域与产业为"支点"，打造创新试点示范

在上海"双碳"战略和循环发展的新格局下，从重点区域、产业着手先行先试，打造创新示范项目、示范点，"以点带面"为城市发展提供参考经验。

打造重点区域示范。把绿色、低碳、循环工作与临港新片区、长三角一体化示范区、虹桥国际开放枢纽的建设协同进行。例如，在临港创立双碳科创园区，构建政产学研联动的新型生态圈；在长三角绿色生态一体化发展示范区创立资源循环试点中心，大力探索各类废弃物的闭路循环路径；在浦东新区开展绿色金融支持循环经济发展的先行试点，通过绿色金融的政策标准建设，产品及服务体系创新等，引导资金投向循环经济产业，扩大市场化规模。

打造重点产业示范。聚焦城市资源循环利用体系的构建，打造老港资源循环利用基地等示范点。推动钢铁、石化等产业"碳中和""循环发展"创新基地建设。

落实绿色市场配套措施，服务"一二三"全产业地图。引导开展产品碳足迹核算，引入绿色标签，促进企业采用绿色、低碳、循环生产方式，帮助民众提高碳减排意识及绿色循环产品的辨别能力。探索绿色商业新模式，鼓励共享经济、服务租赁、二手交易平台等的数字化和规范化发展，盘活社会资源，减少闲置物料。加强产业链上的企业联动，通过绿色消费联盟等平台建设，合力解决绿色发展中的关键问题，提升绿色循环产业在各领域的国际竞争力。

在"两核三轴多支点"的格局之下，上海必将引领新一轮的绿色发展，循环经济也将成为撬动上海经济新增长的支点。围绕绿色能源供给、产业绿色转型两大核心，紧握技术、金融、文化三大循环发展之钥，上海的先行经验或将成为全国乃至全球的示范样本。

（杜欢政、陆莎　同济大学）

上海创建"无废城市"实施方案研究

为深入贯彻落实党的二十大精神，根据生态环境部等18部委《"十四五"时期"无废城市"建设工作方案》和上海市第十二次党代会要求，高标准推进"无废城市"建设，上海市生态环境局向社会各界公开征求《上海市"无废城市"建设工作方案》的制定意见。本研究旨在分析上海固体废物处置体系建设现状和与"无废城市"建设目标之差距，为上海更好推进"无废城市"建设提供工作思路与政策建议。

一、上海市固体废物管理概况

（一）总体情况

上海作为一个超大型城市，人多地少，产业集聚，各类固体废物产生量大、产生强度高。目前上海市各类固体废物收运处置体系基本完善。

各类固体废物无害化处置设施体系比较健全，无害化处置水平高。危险废物、医疗废物、污水厂污泥、病死畜禽等无害化处置率100%，社会源危险废物、小型医疗机构医疗废物的收运体系基本建成。

生活垃圾全程分类和处理处置设施建设成效突出。原生生活垃圾基本实现零填埋，居民小区生活垃圾分类达标率保持在95%以上，"点、站、场"两网融合体系建设成型，生活垃圾回收利用率持续提升，已达到40%。

主要固体废物种类资源化利用率高。产生量亿吨级的建筑垃圾资源利用率2020年达92.5%。产生量千万吨级的一般工业固废综合利用率2020年达94.1%。产生量百万吨级农业废弃物综合利用率均在95%以上。

（二）上海市固体废物管理存在的主要短板

对照国家"无废城市"建设指标体系，对标建设美丽上海的人民期盼，上海市推进全域"无废城市"建设主要存在以下短板。

一是源头减量效果仍然较为有限，实现固体废物产生强度不增长或下降的约束性目标有较大难度。工业企业源头减量动力不足，缺乏强有力的抓手。

二是利用处置能力结构性矛盾比较突出，提升资源化利用水平进入攻坚突破期。生活垃圾焚烧飞灰、危废焚烧炉渣等二次危险废物主要以填埋方式处置难以持续；一般工业固废综合利用能级偏低；工程渣土缺少长期消纳空间；拆房和装修垃圾、湿垃圾资源化处理能力仍有不足，利用渠道还不畅；生活源中的低附加值废物和新能源车动力电池回收利用体系亟需完善。

三是管理部门之间的监管合力仍有待进一步提升。推进全域"无废城市"建设的市级协调机制、考核机制有待明确；固废利用处置设施建设用地仍需建立健全保障机制；基于信息化手段的统一监管平台建设有待加强；固废违法违规行为的源头发现、基层监管、部门协作等能力仍需提升。

二、上海市创建"无废城市"实施方案的总体思路

一是聚焦"无废"实效。参照国家《"十四五"时期"无废城市"建设工作方案》大纲进行编制，各领域直接反映减量化、资源化、最终处置效果的核心指标在方案中予以体现。

二是易操作可落地。广泛参考各市级主管部门已发布的"十四五"规划和工作方案，将已经确定的任务和项目纳入实施方案，确保大部分工作后续可落地操作。

三是问题导向。针对上海市固废管理现有问题，结合各委办"十四五"期间实际需要解决问题的工作任务和措施，提出针对性的任务举措。

四是凸显上海特色。以专栏和专章的形式详细阐述上海"无废城市"特色工作与示范项目。

三、上海市创建"无废城市"的指标体系

《上海市"无废城市"指标体系（征求意见稿）》指标体系共3级，一级指标5个、二级指标17个、三级指标67个。一级指标包括固体废物源头减量、固体废物资源化利用、固体废物最终处置、保障能力和群众获得感五个方面，二级指标分为工业、农业、建筑等相关领域，三级指标分为必选和推荐两种类型。总体原则全面贯彻落实国家约束性指标及部分可选指标，新增特色指标10余个。

四、上海市创建"无废城市"的主要任务

（一）加强制度、技术、市场和监管体系建设，全面提升保障能力

建立健全"无废城市"制度体系。研究推动上海市固体废物污染环境防治立法进程。探索推进电器电子产品、新能源电池等领域回收利用的生产者责任延伸制度。

建立健全"无废城市"技术标准体系。研究制定再生产品、再制造产品等标准。深化完善湿垃圾再生产品质量和应用标准体系。研究制定"无废细胞"创建评价标准。

建立健全"无废城市"市场体系。全面落实资源综合利用等相关税收优惠政策。加快建立固体废物处理收费机制。完善政府绿色采购制度。

建立健全"无废城市"监管体系。逐步打通各平台固体废物相关数据。加强云计算、人工

智能等信息技术和卫星遥感、无人机航摄等科技手段应用,提升固废污染环境防治精准化、智能化水平。

(二)强化危险废物监管和利用处置能力建设,防范环境污染风险

加强危险废物源头管控。加强集成电路、生物医药等本市先进制造业规划布局的危险废物评估论证。严厉打击以副产品名义逃避危险废物监管行为。推动清洁生产审核。

持续提升危险废物综合利用水平。全面升级小微企业危险废物收运平台。推进危险废物"点对点"定向利用的许可豁免管理。

分类推进危险废物处置能力建设。重点推进重金属污泥、危险废物焚烧灰渣、生活垃圾焚烧飞灰等危险废物多途径安全处置。到2025年,生活垃圾焚烧二次污染物填埋率不超过2%。

完善医疗废物收运处理体系。畅通小型医疗机构医疗废物收运处置"最后一公里"。推行医疗废物电子标签。积极推动医塑、玻璃瓶等医疗卫生机构可回收物回收利用。

> **专栏1 危险废物利用处置重点项目**
>
> **危险废物集中利用重点项目。** 临港新片区、奉贤区建设工业废酸和废有机溶剂高值资源化项目。松江区建设废机油、废油泥资源综合利用项目。青浦区扩建含铜蚀刻液和废有机溶剂利用项目。长宁区建设废乙醇资源化利用项目。
>
> **危险废物"点对点"定向利用示范项目。** 奉贤区探索化妆品、生物医药等行业危险废物"点对点"定向利用。嘉定区推行汽车行业危险废物"点对点"定向利用。
>
> **飞灰及危废焚烧灰渣非填埋处置重点项目。** 推进宝钢水泥窑设施协同处理固体废物。青浦区等地区实施危废焚烧炉渣资源化利用项目。

(三)打造循环型产业体系,减少原生资源消耗,促进固废高效循环

产业结构转型升级促进源头减量。以"三线一单"为抓手,从严控制固体废物产生量大、处置难的项目上马。推进上海化工区、宝武集团宝山基地等重点园区率先实现"固废不出园"。

提高一般工业固体废物综合利用能级。围绕汽车制造、集成电路等重点行业,建设相关产品全产业链溯源和循环利用体系。打造3+X资源循环利用产业基地。到2025年,全市一般工业固体废物综合利用率不低于95%。

推动多源固废协同处置。建立健全相关机制政策,以生活垃圾焚烧设施、污泥焚烧设施、燃煤电厂、工业炉窑设施协同处置一般工业固体废物等不同种类固体废物。

> **专栏2 打造循环型产业体系重点项目**
>
> **特定产品全生命周期"无废"示范。** 嘉定区实施汽车全生命周期"无废"示范。
> **资源循环利用产业基地。** 重点打造老港、宝山、杭州湾北岸三个资源循环利用基地。支持松江区建设天马无废低碳产业园。

(四)推动形成绿色低碳生活方式,促进生活源固体废物减量化、资源化

推进生活垃圾分类提质增效。构建生活垃圾分类常态长效机制,实施餐厨垃圾收费阶梯导

向措施。

推动绿色消费。严格落实本市塑料污染治理工作相关要求。深入推进规模化菜场湿垃圾就近就地源头减量，加大净菜上市工作推进力度。倡导光盘行动、适度点餐。到2025年，生活垃圾分类达标率达到95%。加快推进商品包装和邮件快件包装减量化、绿色化、可循环。

专栏3　生活垃圾源头减量重点项目

包装减量示范项目。嘉定区争创国家可循环快递包装规模化应用示范区。
生活领域"无废"示范项目。开展"无废"佘山国家旅游度假区、松江"无废大学城"、青浦"无废进博"、"水乡客厅"无废典范等创建工作。

完善生活垃圾回收转运体系。持续优化"两网融合"回收体系，加快推进"点站场"回收体系标准化建设和管理，建立生活垃圾分类计量体系。优化落实各区对低价值可回收物补贴政策。

稳步提升生活垃圾资源化利用水平。着力提升湿垃圾资源化利用能力。进一步优化本市餐厨废弃油脂收运处理管理体系和处理利用设施布局。到2025年，生活垃圾回收利用率达到45%以上。

专栏4　生活源固体废弃物回收利用重点项目

湿垃圾综合利用重点项目。推进老港二期、宝山湿垃圾项目建设，扩建松江湿垃圾资源化处理设施工程。在老港、闵行、嘉定、松江、青浦、奉贤、崇明等区域再新建一批湿垃圾集中处理设施。
中心城区废旧物资循环利用示范项目。静安区建立健全报废机动车、车用动力电池及废旧零部件回收网络与管理体系。长宁区加快推进废纺织品的回收体系建设。

全面完成生活垃圾末端处置体系建设。全面实现原生生活垃圾零填埋。统筹污水厂污泥、河道淤泥、通沟污泥工程设施建设，推进煤电基地污泥掺烧。严格规范河道疏浚底泥消纳处置。试点存量垃圾焚烧处置。

（五）推进城乡建设绿色发展，着力推动建筑垃圾资源化利用

推进绿色建筑与生态城区高质量发展。全市新建民用建筑全部按照绿色建筑基本级及以上标准建设。引导既有城区和尚待开发的新建城区积极创建绿色生态城区。

完善建筑垃圾资源化利用体系。逐步推进装修垃圾源头分类投放和智能化回收分拣。优化建筑垃圾资源化利用设施布局。到2025年，拆房和装修垃圾资源化处理率达到75%左右。持续推进工程泥浆源头干化、末端规范消纳。

专栏5　建筑垃圾减量化资源化重点项目

绿色施工（节约型工地）示范项目。打造东方美谷JW万豪酒店、九棵树（上海）未来艺术中心新建项目等一批绿色施工样板工程。
装修垃圾智能化回收分拣示范项目。长宁推进"装修垃圾不落地"。奉贤区在西渡街道、奉浦街道等6个地区先行试点"互联网+"等新型回收手段。静安区推进建筑垃圾中转站提标改造。
工程渣土集中消纳重点项目。研究制定五大新城范围内整区域、战略留白区等标高提升消纳工程土方方案；推动横沙东滩七期等项目作为市级工程土方集中消纳场所建设。

打通建筑垃圾资源化产品利用途径。出台建筑垃圾再生建材产品应用标准和政府投资项目强制（鼓励）使用再生建材管理规定。加快绿色建材产品推广应用。

（六）推进生态循环农业发展，基本实现农业废弃物全量利用

推行绿色农业生产方式。全面推广精准施肥。推进农药减量控害，强化病虫害统防统治和全程绿色防控。推进农田残留地膜、农药化肥塑料包装等清理整治工作。

推动农业废弃物多元化利用。推进生态循环农业发展，因地制宜配置秸秆、蔬菜废弃物等就地就近处理设施，持续推进粮油作物秸秆和蔬菜等种植业废弃物资源化利用。到2025年，全市农作物秸秆综合利用率达到98%左右。推进畜禽粪污资源化利用。加强农药包装废弃物和农业薄膜回收处置。

> **专栏6　农业废弃物循环利用重点项目**
>
> **农作物秸秆离田利用示范项目。** 嘉定、奉贤等区打造一批以镇、村为单位集中收集、利用秸秆加工有机肥的示范基地。宝山区推广水稻秸秆制作食用菌基料技术模式。
>
> **生态循环农业项目或示范区。** 奉贤区打造"东方桃源"国家田园综合体。嘉定区建设数字化无人农场产业片区。青浦区打造"三水融合"绿色生态立体农业片区。

（七）推进重点企业、重点区域打造"无废"标杆

宝钢股份打造"绿色无废城市钢厂"，实现"固废不出厂"目标。上海城投集团转型"城市管家"，做好"无废城市"基础保障。上海石化率先响应"无废集团"建设要求，打造石化行业"无废"标杆。

崇明区打造世界级生态岛，力争固废不出岛。加大水产养殖污染治理。推动崇明国家现代农业产业园创建。开展船舶及相关装置制造行业产生工业垃圾综合利用方式研究项目。

临港新片区打造韧性、绿色、共享的"无废新城"典范标杆。推动代表性企业建立行业领先的绿色供应链管理体系。探索集成电路行业废酸和新能源汽车行业铝渣的高值化利用途径。创新新城工程建设土方平衡再利用模式。

（八）深入推进长三角协同发展，共同推动"无废"区域融合发展

推动长三角固废危废利用处置设施互补共享。探索建立长三角区域固体废物利用处置设施白名单。探索建立长三角工程渣土统筹消纳共享机制。加大长三角区域废旧物资循环利用协同力度。

建立长三角区域固废污染防治协作机制。建立长三角垃圾综合治理、联防联控和联动执法机制。全面实施危险废物跨省转移电子联单制度。

五、上海市创建"无废城市"的保障措施

（一）加强组织领导

上海市生态文明建设领导小组设立专门工作组。各区成立相应的领导机构及协调机制，制定年度重点任务责任清单，切实强化监管。制定"无废城市"建设成效评估机制。

（二）落实政策资金支持

加快落实固体废物回收、加工、利用、处置等项目设施用地和产业用地1%政策，动态调整资源循环利用企业发展名单。加大节能减排、循环经济发展等专项资金支持力度。

（三）强化科技人才支撑

大力推进固体废物源头减量、精细分类、智能回收、综合利用、高效处置的新工艺、新材料、新设备的开发应用。创新人才培育机制，定向引进固废专业人才。

（四）抓好宣传引导

结合世界环境日、全国低碳日等活动，倡导简约适度、绿色低碳的生活方式。鼓励各类社会主体积极参与"无废细胞"创建。

（李亮、郁波、金颖、孙腾、姚蔚、徐李全）

03
典型项目

上海市公共卫生临床中心应急医学中心项目

一、项目建设背景

2020年新冠肺炎疫情暴发后，作为上海应对各类重大传染病的"主力军"，上海市公共卫生临床中心（以下简称"市公卫中心"）承担着上海市新冠肺炎患者的集中收治任务，出色地完成了上海市所有成人新冠肺炎患者和部分儿童患者的临床救治工作，成为上海城市公共卫生体系建设的坚强堡垒和确保城市一方平安不可或缺的重要力量。但近年来随着社会和经济的发展，人民对健康服务和医疗保障的需求逐年递增，市公卫中心呈现出部分科室的床位数短缺，不能满足病患需求；面对新发传染病疫情，收治床位贮备严重不足；内分泌科、心脏外科、肿瘤科等科室空缺，临床医疗体系尚不完备等诸多不足，这些不足已成为充分发挥公共卫生职能的掣肘，不利于城市公共卫生体系的进一步发展。为贯彻落实"健康中国""健康上海"战略和《上海市卫生健康发展"十四五"规划》，进一步完善本市重大疫情防控体制机制和筑牢疫情防控屏障，实现上海重大疫情和突发公共卫生事件应对能力达到国际一流水平，提出建设上海市公共卫生临床中心应急医学中心项目。

二、项目内容及进展

（一）建设内容

该项目建设地点位于上海市金山区漕廊公路2901号市公卫中心现址院内，医院总用地面积为333 414平方米（以实测为准）。项目建设内容为：新建医疗综合楼、多功能综合楼以及能源中心、液氧站等相关配套设施，并同步实施室外总体工程。新建总建筑面积为152 777平方米，其中地上建筑面积106 542平方米，地下建筑面积46 235平方米；设置医疗床位800张。

该项目在全面细化落实各项风险防范化解措施并根据实施进程和内外部情况变化进行动态评估，不断优化完善防范化解措施、落实得当的情况下，项目预期整体风险等级为低风险。

项目建设总投资约为18.8亿元。

（二）项目进展

项目计划于2025年11月竣工。

三、项目前景

该项目建设将进一步提升上海市公共卫生临床中心医教水平和本市应对重大突发公共卫生事件的能力，切实推进将上海建设成为全球公共卫生最安全城市之一。项目建设符合"健康中国""健康上海"战略，符合上海市卫生健康发展"十四五"规划。

上海市公共卫生临床中心应急医学中心项目效果

上海临床研究中心新建工程项目

一、项目建设背景

为提高上海医学科技及生物医药创新策源能力，提升临床研究和成果转化应用水平，更好地服务于上海医疗卫生事业及生物医药产业发展，助力上海科创中心和全球健康城市建设，上海市委、市政府决策同意上海市卫生健康委员会建立上海临床研究中心，且同意委托上海科技大学建设和管理。项目立足我国医疗卫生事业改革最前沿，对标国际最先进的临床医学研究模式，集聚优质临床研究资源，聚焦重大疾病研究，在医学、生物医药及人工智能等领域组织开展协同攻关，培育临床研究多方向创新策源地，建成一所世界一流水平的智慧型、研究型医院。

二、项目内容及进展

（一）建设内容

该项目选址于浦东新区国家实验室单元控制性详细规划 15 街坊 15A-03 地块，基地东至规划路，南至韩家宅河，西至科苑路，北至杰科路，占地面积约 50 844.2 平方米。项目主要建设内容为：新建 1 幢地下 2 层，地上由 16 层病房塔楼、9 层科研塔楼、5 层门诊医技裙房组合而成的，集医疗、科研、教学等功能于一体的综合建筑，新建总建筑面积为 136 000 平方米，其中地上建筑面积为 94 000 平方米，地下建筑面积为 42 000 平方米。本项目设置床位 500 张，其中核定床位 200 张、研究型床位 300 张。

项目建设总投资约为 16.95 亿元（不含土地费用）。

（二）项目进展

项目计划于 2025 年底竣工投入使用。

三、项目前景

该项目将发挥上海科技大学在机制体制、人才队伍、技术平台、管理经验、国际合作方面的优势，与上海市级医院、周边大科学装置、科研机构、高等学府及生物医药产业龙头企业联动，打通医学科技创新价值链，共同构建"政产学研金服用"七位一体的联合创新体系，并推动最新科技成果与临床研究需求紧密对接,加快临床研究成果转移转化,释放上海医学科技创新和生物医药科技创新潜能。

上海临床研究中心新建工程项目效果

上海市青少年科创体验中心项目

一、项目建设背景

上海市科技艺术教育中心是上海市教委直属事业单位，是全市中小学生素质教育活动主要组织方和管理方，每年开展各类市级学生活动百余项。但市科艺中心现有的场所面积较小，且受原有建筑格局限制，除行政办公、教师教研室和开展日常教研活动的教室外，已无空间用于实施示范性科技创新教育项目活动的研发，难以满足青少年科创教育活动需要。为进一步提升上海科技创新教育能级，确保在青少年科技创新人才培育方面的国内领先地位，上海市科技艺术教育中心提出了上海市青少年科创体验中心项目，拟将其打造为上海中、小学生进行沉浸式科技创新学习和专业交流的重要场所和空间。

二、项目内容及进展

（一）建设内容

项目拟新建一个上海市青少年科创体验中心，围绕"未来工厂""智慧城市""生命盒子""自然公社""太空码头""虫洞花园"六大主题，分别设置相应主题的展览教育用房（创意科技赛场、交叉学科实验室、展示体验空间、创智学习空间等），以及共享公众服务用房、业务研究用房、管理保障用房，并建设地下民防及机动车库等，同步实施相应室外总体工程。

项目总用地面积约为 7 129.6 平方米，新建总建筑面积约为 23 145.86 平方米，其中地上建筑面积为 14 399.87 平方米，地下建筑面积为 8 745.99 平方米。

项目建设总投资约为 2.7 亿元。

（二）项目进展

项目已于 2023 年 1 月开工，计划于 2025 年 1 月竣工。

三、项目前景

项目的建设符合国家和上海关于青少年科技创新教育发展的相关要求，将进一步完善本市市级校外教育设施布局，有效提升上海校外科技创新教育的硬件设施水平，有利于深化素质教育、提高上海青少年科技创新人才培育水平,助力率先实现教育现代化和建设具有全球影响力科创中心的目标。

上海市青少年科创体验中心项目效果

华东政法大学长宁校区改扩建工程项目

一、项目建设背景

华东政法大学是新中国创办的第一批高等政法院校之一,学校现有长宁和松江两个校区。华东政法大学长宁校区位于整个苏州河外环内区域的中心位置,对于实现苏州河景观贯通和滨河公共服务功能起着至关重要的作用。为配合苏州河沿岸建设,华东政法大学结合学校总体定位对长宁校区进行了整体规划。长宁校区规划为主要承担高层次法律人才培养功能,河西区域功能定位以"教学、科研"为主,河东区域以"生活服务、后勤保障"为主。结合苏州河沿岸建设要求,同时为进一步促进学校发展,实现长宁校区校园功能整体提升,华东政法大学拟实施长宁校区改扩建工程。

二、项目内容及进展

(一)建设内容

该项目拟将长宁校区河东区域 A、B 两地块内,除 B 地块内博士后公寓和四尽斋外的其余建筑全部拆除,分别在两地块内各建一座学生公寓综合楼。其中,A 地块学生公寓综合楼设置学生宿舍、自习室、食堂、室内游泳池、会堂、体育活动用房、地下车库(兼民防)等功能用房,并同步实施相应室外总体工程(含室外篮球场、足球场、屋面 400 米标准跑道);B 地块学生公寓综合楼设置学生宿舍、自习室、食堂、地下车库等功能用房,并同步实施相应室外总体工程。

项目总用地面积约为 32 931 平方米;拟拆除建筑面积为 26 470.77 平方米;保留建筑面积 1 601 平方米;拟新建总建筑面积为 80 461 平方米,其中地上建筑面积为 65 511 平方米,地下建筑面积为 14 950 平方米。

项目建设总投资约为 6.7 亿元。

(二)项目进展

项目尚未开工,处于可研报批阶段。

三、项目前景

项目建设有利于推进华东政法大学长宁校区校园功能整体提升，进一步提升学校法学学科的发展后劲，助力提升上海法学学科高等教育高地的建设水平；同时也有利于全力加快推进苏州河民心工程建设，实现苏州河中心城区段滨水步道全线贯通，是落实市委、市政府重要指示的具体举措。

华东政法大学长宁校区改扩建工程项目建设效果

临港新片区顶科社区科学公园项目

一、项目建设背景

世界顶尖科学家社区（以下简称"顶科社区"）是中国（上海）自由贸易试验区临港新片区未来发展的主要空间布局，也是两届世界顶尖科学家论坛的重要成果。顶科社区位于临港国际协同创新区，规划面积约 2.5 平方公里，区域以创新策源功能为核心，完善专业化科创研发配套与国际化、定制化的高端生活服务配套，打造创新涌动、活力迸发、开放包容的先行示范区。

顶科社区科学公园是社区内最为核心集中、面积最大的公园绿地，是区域重要的高端生活服务配套工程，也是临港新片区城区建设的重要组成部分。

二、项目内容及进展

（一）建设内容

顶科社区科学公园工程范围北至顶科路、南至涟卓路、东至顶慧路与科洲路、西至海洋一路，夏涟河由西向东流经基地，工程总用地面积约 143 590 平方米。

公园主题分为北美枫香主题区、新优品种主题区、杉林主题区、荷花池主题区等，绿地总占地面积为 121 673 平方米，夏涟河水域面积 21 917 平方米；新建江南园林景观工程，设置亭、台、楼、榭等江南园林建筑空间，总建筑面积为 1 817.34 平方米；布置特色莫比乌斯环人行天桥，集交通、展示、文化、演绎等多重功能于一体；同时结建地下公共停车场，总建筑面积约 13 000 平方米；结建公交首末站，共配置 5 条公交线路。

工程总投资约 4.9 亿元。

（二）项目进展

2022 年下半年开工建设，建设期约 1 年半。

三、项目前景

实施顶科社区科学公园有利于完善区域绿地布局，为顶科社区工作人群提供休闲活动空间和社交场所；有利于进一步提升临港新片区的景观和旅游环境，改善区域生态系统，响应临港地区海绵城市建设；同时，对地区经济和社会的可持续发展具有积极意义。

临港新片区顶科社区科学公园项目效果

上海 LNG 站线扩建项目

一、项目建设背景

天然气作为一种高效清洁能源，成为助力能源碳达峰，构建清洁低碳、安全高效能源体系的重要实现途径之一。为满足上海天然气消费量的持续快速增长，天然气产供储销体系需加快完善。目前，上海 LNG（液化天然气）供应总量占比达到全市天然气需求量的一半，上海天然气气态储备能力与国家天然气产供储销体系要求还存在差距。因此，为适应上海经济发展对天然气的需求，提高天然气供应的安全可靠性，满足天然气产供储销体系建设的要求，推动长三角一体化发展，需要尽快建设上海 LNG 站线扩建项目。

二、项目内容及进展

（一）建设内容

该项目主要建设内容包括码头工程、接收站工程和输气管道工程三部分，项目建设规模为 600 万吨/年，拟一次规划、分阶段建设。其中，码头工程拟建 15 万总吨 LNG 专用码头 1 座，码头长度 415 米，主力船型 15 万—18 万立方米 LNG 船，兼顾 0.5 万—26.6 万立方米 LNG 船靠泊。码头工程计划 2024 年一次建成。接收站工程拟建 10 座 22 万立方米以上的 LNG 储罐、工艺装置及配套公用设施等，一次规划，分阶段实施。计划 2025 年建成 22 万立方米 LNG 储罐 4 座，配套相应的 BOG 处理系统、气化外输系统及公用工程系统，建设规模为 300 万吨 LNG/年，最大气化外输能力为 210 万立方米/小时；2027 年建成 25 万立方米及以上 LNG 储罐 4 座及相应配套设施；2030 年前再建成 25 万立方米及以上 LNG 储罐 2 座及相应配套设施，建成后总规模增加至 600 万吨 LNG/年。输气管道工程主要由清管发送区、小洋山陆上管道、小洋山至上海奉新的海底管道以及奉新输气站组成。输气管道总长约 70 千米。奉新输气站用地面积约 4.5 万平方米（含放空区）。用海面积约 122.4 万平方米。输气管道计划 2024 年一次建成。

（二）建设地点

码头工程和接收站工程地处浙江省嵊泗县，位于上海国际航运中心洋山深水港区沈家湾作业区、现有上海洋山 LNG 接收站与洋山申港国际石油储运公司之间，西侧毗邻现有上海洋山 LNG 接收站。输气管道工程起于接收站清管发送区，经小洋山岛陆管连接海管，海管呈西北走向通过杭州湾北部海域至奉贤柘林塘登陆，进入奉新输气站。

（三）项目进展

该项目 2022 年 9 月已核准批复，2023 年 2 月已开工。码头工程、输气管道工程计划 2024 年底建成投运，接收站第一阶段工程计划 2025 年底建成投运，第二阶段工程计划 2027 年底建成投运，第三阶段工程计划 2030 年前建成投运。

三、项目前景

上海 LNG 站线扩建项目是贯彻长三角地区一体化发展战略，保障上海天然气用气安全的国家能源基础设施项目和重要民生保障项目。项目建成后，将提供超过 13.2 亿立方米的储气能力和 210 万立方米 / 小时的供气能力，并与现有洋山 LNG 接收站互联互通、统筹调配，共同承担上海市天然气的供气保障、调峰和应急储备任务，能够满足上海市天然气供需市场缺口、小时调峰缺口以及国家提出的"10%、5%、3 天"三级应急储备体系要求。项目的实施将有利于完善上海天然气产供储销体系建设、提升城市能源安全保障、优化能源消费结构及提升长三角地区天然气总体保障能力。

上海 LNG 站线扩建项目效果

上海生物能源再利用项目三期工程

一、项目建设背景

自 2019 年 7 月 1 日《上海市生活垃圾管理条例》实施以来，上海各界践行垃圾分类，湿垃圾清运量显著增长，面临较大的处理缺口和处置压力。实施上海生物能源再利用项目三期工程，有利于提高本市湿垃圾无害化处理能力，探索湿垃圾资源化利用新途径，提高湿垃圾资源化利用水平，对进一步实现生活垃圾全程分类管理目标、促进老港固废基地协同运行具有重要意义。

二、项目内容及进展

（一）建设内容

该工程新增厨余垃圾处理能力 2 000 吨 / 日，主要建设内容为：新建综合预处理车间、有机浆料储罐、毛油储罐、均质罐、厌氧罐、沼液罐、沼气净化装置、沼气柜、沼气提纯装置、火炬、沼渣资源化车间、陈化车间、调浆罐、组合水池、污水处理车间、脱氨装置区、高浓度废水调节罐、制浆固渣和三相固渣资源化利用车间（生物养殖车间）等建（构）筑物，设置厨余垃圾预处理系统、厌氧消化及脱水系统、沼气利用系统、沼渣资源化系统、污水处理系统、除臭系统等设施。

项目总投资概算为 165 742 万元。

（二）项目进展

生物能源再利用项目一期、二期已建成运行，三期工程已经开工建设，预计 2025 年建成，届时上海老港生态环保基地湿垃圾总处理能力将达到 4 500 吨 / 日。

三、项目前景

上海生物能源再利用中心项目三期工程响应了固体废物"减量化、资源化、无害化"的政策要求，并对新增各类有机残渣进行资源化利用探索，有利于加强城市垃圾治理资源化转型，全面提高生活垃圾资源化利用水平，对本市实现原生垃圾零填埋、推动垃圾末端处置体系建设具有重要意义，为建设"绿色、生态、宜居"的城市环境起到了重要作用。

上海生物能源再利用项目三期工程效果

车用燃料电池系统及核心装备研发和中试线建设项目

一、项目建设背景

全球燃料电池汽车产业发展已进入导入期，国外燃料电池汽车产业自 2018 年开始逐步向燃料电池商用车方向发展，日本丰田、美国尼古拉、韩国现代等车企正在对新技术大力布局，已有部分产品实现交付。我国燃料电池汽车近几年发展速度也逐渐提升，而上海有着十几年的燃料电池汽车及核心部件的开发基础，技术水平引领全国。

为解决我国较大功率燃料电池系统及空压机、DC/DC 变换器等燃料电池汽车核心部件及技术自主化率不高的问题，本市支持了由上海重塑能源科技有限公司承担的"车用燃料电池系统及核心装备研发和中试线建设项目"。

二、项目内容及进展

（一）建设内容

本项目主要开展面向中重型商用车的燃料电池系统集成、大功率 DC/DC 变换器和离心式空压机自主化研究；开发了 63kW、80kW 燃料电池系统产品和 110kW SiC 的高集成度 DC/DC 变换器，研究了离心式空压机；搭建了能够满足系统性能开发、耐久测试、功能开发等功能需求的燃料电池系统测试评估试验台架。

本项目共申请发明专利 6 项，获得实用新型专利授权 10 项、软件著作权 3 项，制定上海地方标准 1 项、团体标准 2 项。项目实施期间，燃料电池系统累计实现销售 1 000 套，培养了一支由 27 人组成核心研发团队。

本项目完成新增投资约 1.3 亿元。

（二）项目进展

本项目建设周期为 36 个月，已于 2022 年 12 月完成建设，并于 2023 年 3 月完成项目验收。

三、项目前景

项目实现了燃料电池电堆、膜电极、DC/DC 变换器、控制器、阳极循环系统等核心零部件的国产化、产业化，项目产品应用在全国近一半燃料电池汽车[1]。同时，本项目的实施起到了牵引其他关键零部件在上海的研发和生产的作用，带动了本市一系列后续燃料电池汽车示范项目建设及产业链发展。

燃料电池系统测试评估实验平台

上海市轨道交通 12 号线西延伸工程项目

一、项目建设背景

上海市轨道交通 12 号线（七莘路站—金海路站）是上海市轨道交通线网中的骨干线路之一，于 2015 年 12 月全线开通运营，线路纵贯中心城区"西南—东北"轴向区域，途径闵行、徐汇、黄浦、静安、虹口、杨浦、浦东新区等 7 个行政区，并与轨道交通 1 号、2 号、3 号、4 号等 13 条轨道交通线路形成换乘，被誉为上海市已运营轨道交通线路中的"换乘之王"。随着区域经济社会的不断发展，轨道交通 9 号线松江段的客流压力逐渐增大，同时为进一步加强莘闵地区、松江东北片区与中心城之间的快速联系，拟实施上海市轨道交通 12 号线西延伸工程（洞泾站—七莘路站），该项目已获得国家发展和改革委员会批复。

二、项目内容及进展

（一）建设内容

上海市轨道交通 12 号线西延伸工程西起洞泾站，东至既有七莘路站，途经松江区和闵行区，线路总长约 17.27 千米，均采用地下敷设方式，新建洞泾站、刘五公路站、沪松公路站、科技园站、场西路站和场东路站共 6 座车站（含 1 座换乘车站），平均站间距 2.84 千米。工程新建洞泾停车场 1 座、沪松公路主变电站 1 座，同步配置供电、通信、信号、通风空调、给排水及消防、设备监控、防灾报警、自动售检票、乘客信息、站台门、电梯及自动扶梯等运营设备系统。

经估算，项目总投资约 160.24 亿元。

（二）项目进展

工程于 2022 年 12 月 16 日开工建设，计划 2027 年 12 月底开通试运营，建设总工期 5 年。

三、项目前景

上海市轨道交通 12 号线西延伸工程建成后，将与既有轨道交通 9 号线形成换乘，有利于缓解 9 号线的客流压力，改善沿线居民出行条件。轨道交通 12 号线西延伸工程段与既有轨道交通 12 号线贯通运营后，将形成一条完整的大运量轨道交通线路，有利于扩大轨道交通线网覆盖范围、增加区域线网密度和填补区域轨道交通空白，也有利于拓展城市发展空间和引导城市布局合理发展，支撑G60科创走廊的产城融合发展，对于沿线重点地区开发建设和经济社会可持续发展等方面都具有积极意义。

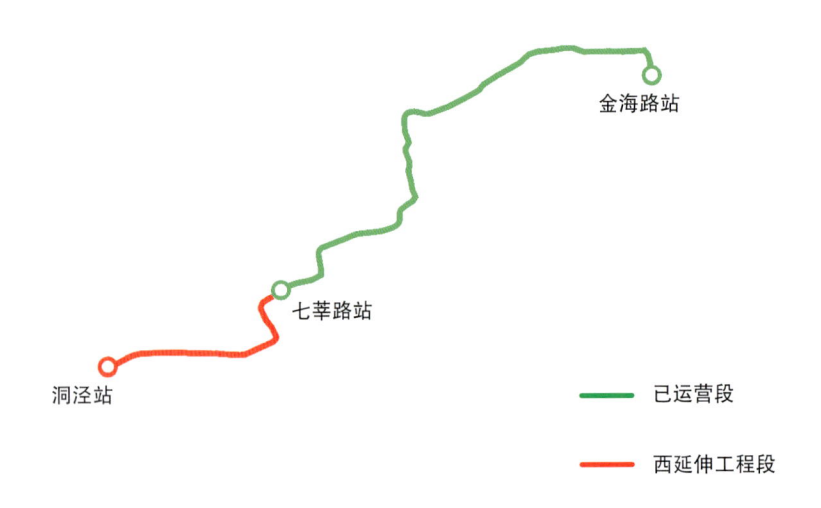

上海市轨道交通12号线西延伸工程线路走向

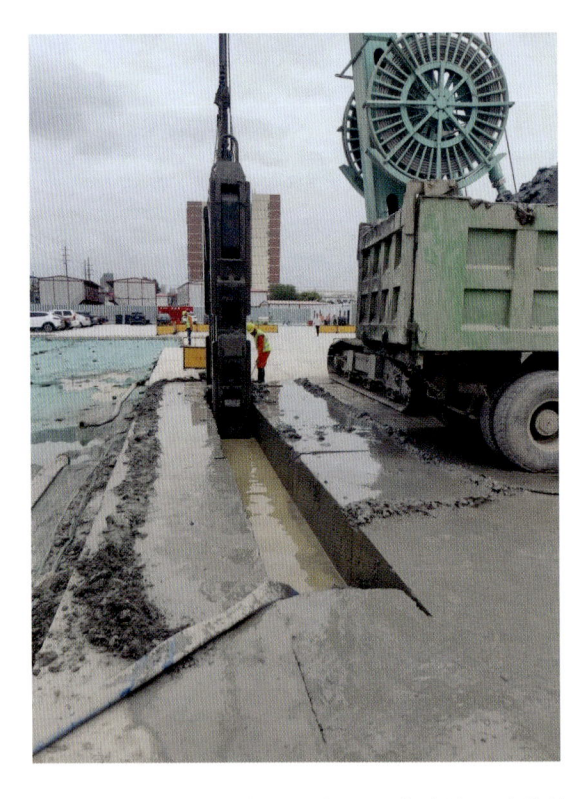

上海市轨道交通12号线西延伸工程沪松公路站地下连续墙施工现场

S16 蕰川高速（G1503—省界）新建工程项目

一、项目建设背景

根据《上海市城市总体规划（2017—2035年）》，上海市城市总体空间布局由"一中心多副中心"转变为"多中心模式"，宝山区是四大主城片区之一，重点培育航运、商贸、科教研发等核心功能。S16 蕰川高速是市域高速干线公路"一环、十三射、一纵一横、多联"布局中的重要"一射"，沿途串联起月浦、罗泾、宝山工业园区等重点片区，对接江苏省沪宜高速（S48），承担上海北部地区与苏昆太及沿江沿海地区的重要交通功能，分流 G15 公路的交通压力，适应宝山区罗泾港集疏运交通需求，对加快上海"五个中心"建设、支撑城市结构转型、完善市域高速干线网、进一步助力长三角一体化示范区的高水平发展有重要意义。

二、项目内容及进展

（一）建设内容

S16 蕰川高速新建工程全线位于宝山区范围内，南起 G1503—蕰川公路立交节点，北至江苏省省界河，长约 17.6 千米。项目采用"高架主线＋地面道路"形式，主要建设内容包括：新建主线高速公路，南起 G1503—蕰川公路立交节点，北至江苏省省界河，全线为高架，长约 17.6 千米，标准段采用双向 6 车道加紧急停车带，川雄路立交—潘川路立交段和月罗公路匝道—石太路匝道段采用 8 车道规模，设置 G1503 一处互通立交，在月罗公路北侧、石太路南侧、川雄路、潘川路共设置 4 对出入口；改建地面道路，南起 G1503—蕰川公路立交节点，北至江苏省省界河，长约 17.6 千米，其中集宁路以北采用双向 4 车道、以南采用双向 6 车道的建设规模。

经估算，项目总投资约为 114.5 亿元。

（二）项目进展

截至 2023 年 3 月底，该工程处于初步设计阶段。

三、项目前景

S16 蕰川高速的建设有利于缓解北部地区出省交通压力，实现上海和江苏的多通道联系，打通上海沿江沿海大通道，解决罗泾港区的集疏运交通需求，促进罗泾港区乃至宝山区的发展，支撑上海国际航运中心的建设，助力上海更好地发挥长三角地区龙头带动作用，进一步推动长三角一体化示范区高水平发展。

S16 蕰川高速（G1503—省界）新建工程示意

金海路（杨高中路—华东路东侧）改建工程项目

一、项目建设背景

根据 2009 版《上海市骨干道路网深化规划》，金海路共分为两段，其中杨高北路—S20 段规划为城市主干路，S20—海滨路段规划为主要干线公路。近年来，《上海市城市总体规划（2017—2035 年）》以及《上海市浦东新区国土空间总体规划（2017—2035）》等重要规划编制完成并取得相关批复，规划将金海路（杨高北路—G1503）道路等级提升为城市快速路。

浦东北部地区快速路网密度不足，金海路已难以容纳沿线不断增加的交通需求，早晚高峰期间已出现不同程度的拥堵，通行效率降低的同时也制约了沿线的发展。

在此背景下，浦东新区拟实施金海路（杨高中路—华东路东侧）改建工程。

二、项目内容及进展

（一）建设内容

项目选址于金海路，工程西起杨高中路，东至华东路东侧，全长约 7 千米。

建设内容主要包括：道路工程、桥梁工程、人行天桥工程、排水工程以及监控、合杆、照明、绿化、标志标线等道路附属工程。

工程采用"高架主路 + 地面辅路"的建设形式。主路为城市快速路，按双向 6 车道规模建设，设计速度 80 千米 / 小时；辅路为城市主干路，双向 6 快 2 慢，设计速度 50 千米 / 小时。

工程总投资估算约为 87.87 亿元，其中建设投资 71.12 亿元，前期费用 16.75 亿元。

（二）项目进展

工程施工工期 2 年，计划 2025 年建成通车。

三、项目前景

金海路沿线规划有金桥城市副中心、金桥创新功能集聚区、金桥经济技术开发区、金桥地铁上盖等未来区域发展高地，配置了"未来车""智能造""数据港"等硬核产业，也是串联金桥副中心与曹路新市镇的重要通道。金海路将发挥复合走廊（交通走廊、产业发展轴线、重点区域联络通道等）的作用，支撑"一轴三廊"、"金色中环"、金桥城市副中心、申江地区中心和曹路地区发展，保障民生，提升人民出行满意度、感受度，提升浦东北部区域交通品质。

金海路—S20 立交示意

金海路（金港路—东陆路）示意

大芦线东延伸航道整治工程项目

一、项目建设背景

随着上海港集装箱运量逐年递增，2021年洋山深水港区集装箱吞吐量达到2 281.3万标准箱，港区唯一连陆通道东海大桥通行能力已接近饱和，港区发展面临集疏运能力不足的瓶颈，亟待破局。

深入优化上海国际航运中心集疏运体系是贯彻落实党中央、国务院关于推进运输结构调整的决策部署和打好污染防治攻坚战的重要举措。2017年4月，《交通运输部关于推进特定航线江海直达运输发展的意见》（交水发〔2017〕53号）发布，指出"江海直达是一种便捷高效、绿色经济的运输方式。推进江海直达运输发展，是深化交通运输供给侧结构性改革的重要内容，对于提升长江黄金水道功能和构建现代综合交通运输体系具有重要作用"。

大芦线是上海内河"一环十射"高等级航道网之一，航道出海口毗邻长江口航道，距离洋山深水港约45千米，具备承担长三角地区集装箱河海直达运输的良好基础。目前，大芦线已具备1 000吨级船舶通航条件，至"十四五"期末，长三角地区千吨级航道网亦将全面建成。随着内河航道、通航船型、外海航路、集装箱运营等外部条件均已具备，实施大芦线东延伸航道整治工程将连接黄浦江、大芦线、长江口，打通内河航道网与洋山深水港的直接运输通道，成为上海市实施的第一条河海直达航线。

大芦线航运枢纽效果示意

二、项目内容及进展

（一）建设内容

大芦线东延伸航道整治工程位于上海市浦东新区及临港新片区，西起清运河、东至长江口南槽南支航道，航道总里程约 19 千米。主要建设内容包括疏浚拓宽航道 19 千米，新建护岸 8 267 米、导航堤 10 631 米、护坦堤 7 025 米，新建 1 座航运枢纽（含 1 座节制闸、1 座双线船闸、1 座防咸泵站及 2 座水文站），新建 1 座挡潮闸，新建 1 座跨航道桥梁，同步新建航标工程、锚地工程等附属设施。

该工程总投资约 59 亿元。

（二）项目进展

该工程于 2022 年底开工建设，建设期约 6 年，预计 2028 年底完成。

三、项目前景

实施大芦线东延伸航道整治工程将进一步推动集装箱河海直达运输发展、优化运输方案、充分挖掘并发挥上海市内河航道建设效益；同时有利于提升上海国际航运中心集装箱枢纽港服务能级，实现长三角内河航道网高标准互联互通、长三角区域高质量协同发展。

龙华排水调蓄工程项目

一、项目建设背景

徐汇区滨江公共开放空间位于黄浦江两岸综合开发核心区的最南端，属黄浦江两岸综合开发的南延伸段。为充分发掘现有设施利用价值、利用地下空间资源，拟将区域内耀华支路越江隧道闲置盾构段调整为雨水调蓄设施，同时实现"初雨控污"和"系统提标"两大目标。可有效削减区域内初期雨水污染，改善龙华港及黄浦江水环境质量，同时提高地区排水排涝能力，保障区域防汛安全。

二、项目内容及进展

（一）建设内容

该工程主要包括初雨调蓄设施建设和雨水提标设施建设。其中，初雨调蓄设施建设主要建设内容包括：（1）将既有圆隧道区间改造为初雨调蓄隧道；（2）将现有工作井改造为初雨进水设施，既有工作井改造为初雨调蓄进水设施；（3）分别沿"喜泰路—黄石路—天钥桥路—龙启路—丰谷路"和"小木桥泵站—龙腾大道—龙恒路"敷设南、北侧截流管至拟建调蓄隧道；（4）沿"丰谷路—龙恒路"新建1根初雨放空管；（5）对小木桥、新宛平、龙华镇等3座泵站实施新建截流闸门井、流量计及附属设施等改造。

雨水提标设施建设内容包括：（1）在明挖段3新建1座规模为7.6立方米/秒的提标泵站；（2）利用明挖段1和明挖段2新建1座雨水调蓄池，规模为9 000立方米；（3）自龙兰路、天钥桥路起，沿天钥桥路—规划机场河南侧绿化带敷设1根提标雨水管接入新建提标泵站。

经估算，项目总投资约15亿万元。

（二）项目进展

2022年9月15日，龙华排水调蓄工程项目建议书已获得批复，该项目已列入《2023年上海市重大建设项目清单》预备项目。

三、项目前景

龙华排水调蓄工程的实施既有利于减少初期雨水对受纳水体的污染、提升城市水环境质量，又有利于提高区域防汛水平、保障城市排水系统安全。该工程的建设将较大程度提升市政设施服务水平，对建设具有全球影响力的国际大都市定位相适应的城镇雨水排水体系具有重要意义。

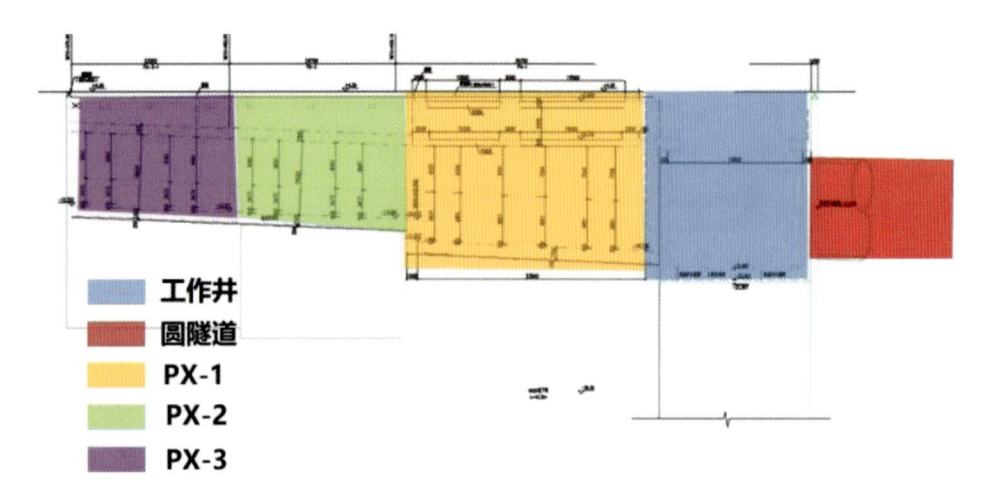

龙华排水调蓄工程隧道明挖段及工作井示意

04
附录

国务院办公厅关于复制推广营商环境创新试点改革举措的通知

国办发〔2022〕35号

各省、自治区、直辖市人民政府，国务院各部委、各直属机构：

优化营商环境是培育和激发市场主体活力、增强发展内生动力的关键之举，党中央、国务院对此高度重视。2021年，国务院部署在北京、上海、重庆、杭州、广州、深圳6个城市开展营商环境创新试点。相关地方和部门认真落实各项试点改革任务，积极探索创新，着力为市场主体减负担、破堵点、解难题，取得明显成效，形成了一批可复制推广的试点经验。为进一步扩大改革效果，推动全国营商环境整体改善，经国务院同意，决定在全国范围内复制推广一批营商环境创新试点改革举措。现就有关事项通知如下：

一、复制推广的改革举措

（一）进一步破除区域分割和地方保护等不合理限制（4项）。"开展'一照多址'改革"、"便利企业分支机构、连锁门店信息变更"、"清除招投标和政府采购领域对外地企业设置的隐性门槛和壁垒"、"推进客货运输电子证照跨区域互认与核验"等。

（二）健全更加开放透明、规范高效的市场主体准入和退出机制（9项）。"拓展企业开办'一网通办'业务范围"、"进一步便利企业开立银行账户"、"优化律师事务所核名管理"、"企业住所（经营场所）标准化登记"、"推行企业登记信息变更网上办理"、"推行企业年度报告'多报合一'改革"、"探索建立市场主体除名制度"、"进一步便利破产管理人查询破产企业财产信息"、"进一步完善破产管理人选任制度"等。

（三）持续提升投资和建设便利度（7项）。"推进社会投资项目'用地清单制'改革"、"分阶段整合相关测绘测量事项"、"推行水电气暖等市政接入工程涉及的行政审批在线并联办理"、"开展联合验收'一口受理'"、"进一步优化工程建设项目联合验收方式"、"简化实行联合验收的工程建设项目竣工验收备案手续"、"对已满足使用功能的单位工程开展单独竣工验收"等。

（四）更好支持市场主体创新发展（2项）。"健全知识产权质押融资风险分担机制和质物处置机制"、"优化科技企业孵化器及众创空间信息变更管理模式"等。

（五）持续提升跨境贸易便利化水平（5项）。"优化进出口货物查询服务"、"加强铁路信息系统与海关信息系统的数据交换共享"、"推进水铁空公多式联运信息共享"、"进一步深化进出口货物'提前申报'、'两步申报'、'船边直提'、'抵港直装'等改革"、"探索开展科研设备、耗材跨境自由流动，简化研发用途设备和样本样品进出口手续"等。

（六）维护公平竞争秩序（3项）。"清理设置非必要条件排斥潜在竞争者行为"、"推进招投标全流程电子化改革"、"优化水利工程招投标手续"等。

（七）进一步加强和创新监管（5项）。"在部分领域建立完善综合监管机制"、"建立市场主体全生命周期监管链"、"在部分重点领域建立事前事中事后全流程监管机制"、"在税务监管领域建立'信用+风险'监管体系"、"实行特种设备作业人员证书电子化管理"等。

（八）依法保护各类市场主体产权和合法权益（2项）。"建立健全政务诚信诉讼执行协调机制"、"畅通知识产权领域信息交换渠道"等。

（九）优化经常性涉企服务（13项）。"简化检验检测机构人员信息变更办理程序"、"简化不动产非公证继承手续"、"对个人存量房交易开放电子发票功能"、"实施不动产登记、交易和缴纳税费'一网通办'"、"开展不动产登记信息及地籍图可视化查询"、"推行非接触式发放税务UKey"、"深化'多税合一'申报改革"、"推行全国车船税缴纳信息联网查询与核验"、"进一步拓展企业涉税数据开放维度"、"对代征税款试行实时电子缴税入库的开具电子完税证明"、"推行公安服务'一窗通办'"、"推行企业办事'一照通办'"、"进一步扩大电子证照、电子签章等应用范围"等。

二、切实抓好复制推广工作的组织实施

（一）高度重视复制推广工作。各地区要将复制推广工作作为进一步打造市场化法治化国际化营商环境的重要举措，主动对标先进，加强学习借鉴，细化改革举措，确保复制推广工作取得实效。国务院各有关部门要结合自身职责，及时出台改革配套政策，支持指导地方做好复制推广工作；涉及调整部门规章和行政规范性文件，以及向地方开放系统接口和授权数据使用的，要抓紧按程序办理，确保2022年底前落实到位。

（二）用足用好营商环境创新试点机制。各试点城市要围绕推动有效市场和有为政府更好结合，持续一体推进"放管服"改革，进一步对标高标准国际经贸规则，聚焦市场主体所需所盼，加大先行先试力度，为全国优化营商环境工作积累更多创新经验。国务院办公厅要加强统筹协调和跟踪督促，及时总结推广典型经验做法，推动全国营商环境持续改善。

（三）完善改革配套监管措施。各地区、各有关部门要结合实际稳步推进复制推广工作，对于涉及管理方式、管理权限、管理层级调整的相关改革事项，要夯实监管责任，逐项明确监管措施，完善监管机制，实现事前事中事后全链条全领域监管，确保改革平稳有序推进。

复制推广工作中的重要情况，各地区、各有关部门要及时向国务院请示报告。

国务院办公厅
2022年9月28日
（此件公开发布）

为贯彻落实党中央、国务院部署，应坚持把优化营商环境作为激发市场主体活力和社会创造力、推动高质量发展的重要抓手，稳定市场预期，保持经济平稳运行。良好的营商环境需要处理好政府与市场的关系，树立服务型政府理念，不断改进监管能力，促进各类市场主体在公平竞争中发展壮大。本书还遴选了部分最新相关政策，以目录形式供读者参考查阅。

[1]《国务院办公厅关于进一步优化营商环境降低市场主体制度性交易成本的意见》（国办发〔2022〕30号）

[2]《国务院关于开展营商环境创新试点工作的意见》（国发〔2021〕24号）

[3]《优化营商环境条例》

[4]《上海市住房和城乡建设管理委员会关于进一步加快推进本市工程建设项目开工建设的通知》（沪建建管〔2022〕445号）

[5]《关于进一步加强本市工程建设项目"多测合一"改革的通知》（沪规划资源调〔2022〕211号）

[6]《关于印发〈上海市市级政府投资重大工程建设涉及资源性指标统筹使用实施办法（试行）〉的通知》（沪建工程联〔2022〕60号）

[7]《关于进一步减免本市新出让工业用地产业类项目勘察费用和加强施工图设计文件免审项目事中事后监管等工作的通知》（沪建审改办〔2021〕3号）

……

国务院办公厅关于进一步释放消费潜力促进消费持续恢复的意见

国办发〔2022〕9号

各省、自治区、直辖市人民政府，国务院各部委、各直属机构：

消费是最终需求，是畅通国内大循环的关键环节和重要引擎，对经济具有持久拉动力，事关保障和改善民生。当前，受新冠肺炎疫情等因素影响，消费特别是接触型消费恢复较慢，中小微企业、个体工商户和服务业领域面临较多困难。为深入贯彻习近平新时代中国特色社会主义思想，完整、准确、全面贯彻新发展理念，加快构建新发展格局，协同发力、远近兼顾，综合施策释放消费潜力，促进消费持续恢复，经国务院同意，现提出以下意见。

一、应对疫情影响，促进消费有序恢复发展

（一）围绕保市场主体加大助企纾困力度。深入落实扶持制造业、小微企业和个体工商户的减税退税降费政策。推动金融系统通过降低利率、减少收费等多种措施，向实体经济让利。引导金融机构优化信贷管理，对受疫情影响严重的行业企业给予融资支持，避免出现行业性限贷、抽贷、断贷。延续执行阶段性降低失业保险、工伤保险费率政策。对不裁员少裁员的企业，实施好失业保险稳岗返还政策。清理转供电环节不合理加价。采取切实有效措施制止乱收费、乱摊派、乱罚款行为。鼓励有条件的地区对零售、餐饮等行业企业免费开展员工定期核酸检测，对企业防疫、消杀支出给予补贴支持。落实好餐饮、零售、旅游、民航、公路水路铁路运输等特困行业纾困扶持措施。鼓励地方加大帮扶力度，支持各地区结合实际依法出台税费减免等措施，对特困行业实行用电阶段性优惠、暂缓缴纳养老保险费等政策，对承租非国有房屋的服务业小微企业和个体工商户给予适当帮扶，稳住更多消费服务市场主体。

（二）做好基本消费品保供稳价。结合疫情防控形势和需要，加快建立健全生活物资保障体系，畅通重要生活物资物流通道。在各大中城市科学规划建设一批集仓储、分拣、加工、包装等功能于一体的城郊大仓基地，确保应急状况下及时就近调运生活物资，切实保障消费品流通不断不乱。建立完善重要商品收储和吞吐调节机制，持续做好日常监测和动态调控，落实好粮油肉蛋奶果蔬和大宗商品等保供稳价措施。

（三）创新消费业态和模式。适应常态化疫情防控需要，促进新型消费，加快线上线下消费有机融合，扩大升级信息消费，培育壮大智慧产品和智慧零售、智慧旅游、智慧广电、智慧养老、智慧家政、数字文化、智能体育、"互联网+医疗健康"、"互联网+托育"、"互联网+家装"等消费新业态。加强商业、文化、旅游、体育、健康、交通等消费跨界融合，积极拓展沉浸式、体验式、互动式消费新场景。有序引导网络直播等规范发展。深入开展国家电子商务示范基地和示范企业创建。深化服务领域东西协作，大力实施消费帮扶，助力中西部地区特别是欠发达地区提升发展能力和消费水平。

二、全面创新提质，着力稳住消费基本盘

（四）积极推进实物消费提质升级。加强农业和制造业商品质量、品牌和标准建设，推动品种培优、品质提升、品牌打造和标准化生产。推进食用农产品承诺达标合格证制度。支持研发生产更多具有自主知识产权、引领科技和消费潮流、应用前景广阔的新产品新设备。畅通制造企业与互联网平台、商贸流通企业产销对接，鼓励发展反向定制（C2M）和个性化设计、柔性化生产。促进老字号创新发展，加强地理标志产品认定、管理和保护，培育更多本土特色品牌。

（五）加力促进健康养老托育等服务消费。深入发展多层次多样化医疗健康服务，积极发展中医医疗和养生保健等服务，促进医疗健康消费和防护用品消费提质升级。实施智慧助老行动，加快推进适老化改造和智能化产品开发，发展适合老年人消费的旅游、养生、健康咨询、生活照护、慢性病管理等产品和服务，支持开展省际旅居养老合作。加快构建普惠托育服务体系，支持社会力量提供多元化、规范化托育服务，引导市场主体开发更多安全健康的国产婴幼儿用品。

（六）持续拓展文化和旅游消费。推动中华优秀传统文化传承创新，促进出版、电影、广播电视等高质量发展。大力发展全域旅游，推动红色旅游、休闲度假旅游、工业旅游、旅游演艺等创新发展，促进非遗主题旅游发展。组织实施冰雪旅游发展行动计划。优化完善疫情防控措施，引导公园、景区、体育场馆、文博场馆等改善设施和服务条件、结合实际延长开放时间。鼓励城市群、都市圈等开发跨区域的文化和旅游年票、联票等。深入推进文化和旅游消费试点示范。积极落实带薪休假制度，促进带薪休假与法定节假日、周休日合理分布、均衡配置。

（七）大力发展绿色消费。增强全民节约意识，反对奢侈浪费和过度消费，形成简约适度、绿色低碳的生活方式和消费模式。推广绿色有机食品、农产品。倡导绿色出行，提高城市公共汽电车、轨道交通出行占比，推动公共服务车辆电动化。推动绿色建筑规模化发展，大力发展装配式建筑，积极推广绿色建材，加快建筑节能改造。支持新能源汽车加快发展。大力发展绿色家装，鼓励消费者更换或新购绿色节能家电、环保家具等家居产品。加快构建废旧物资循环利用体系，推动汽车、家电、家具、电池、电子产品等回收利用，适当放宽废旧物资回收车辆进城、进小区限制。推进商品包装和流通环节包装绿色化、减量化、循环化。开展促进绿色消费试点。广泛开展节约型机关、绿色家庭、绿色社区、绿色出行等创建活动。

（八）充分挖掘县乡消费潜力。建立完善县域统筹，以县城为中心、乡镇为重点、村为基础的县域商业体系。深入实施"数商兴农"、"快递进村"和"互联网+"农产品出村进城等工程，进一步盘活供销合作社系统资源，引导社会资源广泛参与，促进渠道和服务下沉。鼓励和引导大型商贸流通企业、电商平台和现代服务企业向农村延伸，推动品牌消费、品质消费进农村。以汽车、家电为重点，引导企业面向农村开展促销，鼓励有条件的地区开展新能源汽车和绿色智能家电下乡，推进充电桩（站）等配套设施建设。提升乡村旅游、休闲农业、文化体验、健康养老、民宿经济、户外运动等服务环境和品质。

三、完善支撑体系，不断增强消费发展综合能力

（九）推进消费平台健康持续发展。加快推进国际消费中心城市培育建设。积极建设一批区域消费中心，改善基础设施和服务环境，提升流通循环效率和消费承载力。支持有条件的地区依托自由贸易试验区等，与国（境）外机构合作建设涉外消费专区。鼓励各地区围绕商业、文化、旅游、体育等主题有序建设一批设施完善、业态丰富、健康绿色的消费集聚区，稳妥有序推进现有步行街设施改造和业态升级，积极发展智慧商圈。推动建设城市一刻钟便民生活圈，优化配置社区生活消费服务综合体。高水平办好"中国品牌日"、全国消费促进月等活动。支持各地区建立促消费常态化机制，培育一批特色活动品牌。持续办好中国国际进口博览会、中国进出口商品交易会、中国国际服务贸易交易会、中国国际消费品博览会。完善市内免税店政策，规划建设一批中国特色市内免税店。

（十）加快健全消费品流通体系。进一步完善电子商务体系和快递物流配送体系，加强疫情防控措施跨区域相互衔接，畅通物流大通道，加快构建覆盖全球、安全可靠、高效畅通的流通网络。支持智能快件箱（信包箱）、快递服务站进社区，加强末端环节及配套设施建设。加快发展冷链物流，完善国家骨干冷链物流基地设施条件，培育一批专业化生鲜冷链物流龙头企业。大力推广标准化冷藏车，鼓励企业研发应用适合果蔬等农产品的单元化包装，推动实现全程"不倒托"、"不倒箱"。健全进口冷链食品检验检疫制度，加快区块链技术在冷链物流智慧监测追溯系统建设中的应用，推动全链条闭环追溯管理，提高食品药品流通效率和安全水平。针对进口物品等可能引发的输入性疫情，严格排查入境、仓储、加工、运输、销售等环节，建立健全进口冻品集中监管制度，筑牢疫情外防输入防线。

（十一）增加就业收入提高消费能力。鼓励创业带动就业，支持各类劳动力市场、人才市场、零工市场建设，支持个体经营发展，增加非全日制就业机会，规范发展新就业形态，健全灵活就业劳动用工和社会保障政策。实施提升就业服务质量工程，加强困难人员就业帮扶，完善职业教育体系，开展大规模、多层次职业技能培训，加大普惠性人力资本投入力度。解决好高校毕业生等青年就业问题。健全工资决定、合理增长和支付保障机制，稳步提高劳动者工资性收入特别是城市工薪阶层、农民工收入水平，健全最低工资标准调整机制。接续推进乡村富民产业发展，落实和完善对农民直接补贴政策，拓宽乡村特别是脱贫地区农民稳定就业和持续增收渠道。

（十二）合理增加公共消费。健全常住地提供基本公共服务制度，合理确定保障标准。紧扣人民群众"急难愁盼"，多元扩大普惠性非基本公共服务供给。提高教育、医疗、养老、育

幼等公共服务支出效率。完善长租房政策，扩大保障性租赁住房供给。支持缴存人提取住房公积金用于租赁住房，继续支持城镇老旧小区居民提取住房公积金用于加装电梯等自住住房改造。健全基本生活救助制度和专项救助制度，积极发展服务类社会救助，形成"物质＋服务"的多样化综合救助方式。落实好社会救助和保障标准与物价上涨挂钩联动机制。

四、持续深化改革，全力营造安全放心诚信消费环境

（十三）破除限制消费障碍壁垒。有序破除一些重点服务消费领域的体制机制障碍和隐性壁垒，促进不同地区和行业标准、规则、政策协调统一，简化优化相关证照或证明办理流程手续。稳定增加汽车等大宗消费，各地区不得新增汽车限购措施，已实施限购的地区逐步增加汽车增量指标数量、放宽购车人员资格限制，鼓励除个别超大城市外的限购地区实施城区、郊区指标差异化政策，更多通过法律、经济和科技手段调节汽车使用，因地制宜逐步取消汽车限购，推动汽车等消费品由购买管理向使用管理转变。建立健全汽车改装行业管理机制，加快发展汽车后市场。全面取消二手车限迁政策，落实小型非营运二手车交易登记跨省通办措施。对皮卡车进城实施精细化管理，研究进一步放宽皮卡车进城限制。

（十四）健全消费标准体系。健全消费品质量标准体系，大力推动产品质量分级。完善节能和绿色制造标准体系、绿色产品认证标识体系以及平台经济、跨境电商、旅游度假、餐饮、养老、冷链物流等领域服务标准。推进第五代移动通信（5G）、物联网、云计算、人工智能、区块链、大数据等领域标准研制，加快超高清视频、互动视频、沉浸式视频、云游戏、虚拟现实、增强现实、可穿戴等技术标准预研，加强与相关应用标准的衔接配套。

（十五）加强消费领域执法监管。深入实施公平竞争政策，强化反垄断和反不正当竞争执法，加快建立健全全方位、多层次、立体化监管体系，防止资本无序扩张。加大对虚假宣传、仿冒混淆、制假售假、缺斤短两等违法行为的监管和处罚力度。全面加强跨地区、跨部门、全流程协同监管，压实生产、流通、销售等各环节监管责任。加快消费信用体系建设，推进信用分级分类监管，组织开展诚信计量示范活动，依法依规实施失信惩戒。加强价格监管，严厉打击低价倾销、价格欺诈等违法行为，严格规范平台经营者自主定价。继续加强消费品质量安全监管，开展消费品质量合格率统计调查，加大缺陷产品召回监管力度。加强重点服务领域质量监测评价。

（十六）全面加强消费者权益保护。大力开展放心消费创建活动。完善平台经济消费者权益保护规则。持续优化完善全国12315平台，充分发挥地方12345政务服务便民热线作用，进一步畅通消费者投诉举报渠道。建立完善消费投诉信息公示制度。进一步优化消费争议多元化解机制，不断提升在线消费纠纷解决机制效能。完善公益诉讼制度，探索建立消费者集体诉讼制度，全面推行消费争议先行赔付。广泛引导线下实体店积极开展无理由退货承诺。

五、强化保障措施，进一步夯实消费高质量发展基础

（十七）加强财税支持。统筹利用现有财政资金渠道，支持消费相关基础设施和服务保障能力建设，符合条件的项目可纳入地方政府专项债券支持范围，更好以投资带消费。完善政府绿色采购标准，加大绿色低碳产品采购力度。鼓励有条件的地区对绿色智能家电、绿色建材、节能产品等消费予以适当补贴或贷款贴息。研究进一步降低与人民生活密切相关、需求旺盛的优质消费品进口关税。

（十八）优化金融服务。引导银行机构积极发展普惠金融，探索将真实银行流水、第三方平台收款数据、预订派单数据等作为无抵押贷款授信审批参考依据，提高信用状况良好的中小微企业和消费者贷款可得性。推动商业银行、汽车金融公司、消费金融公司等提升金融服务能力。强化县域银行机构服务"三农"的激励约束机制，丰富农村消费信贷产品和服务，加大对农村商贸流通和居民消费的金融支持力度。引导金融机构在风险可控和商业可持续前提下丰富大宗消费金融产品。鼓励保险公司针对消费领域提供保险服务。规范互联网平台等涉及中小微企业、个体工商户金融服务的收费行为。

（十九）强化用地用房保障。加大土地、房屋节约集约和复合利用力度，鼓励经营困难的百货店、老旧厂区等改造为新型消费载体。鼓励通过先租后让、租让结合等方式为快递物流企业提供土地。适应乡村旅游、民宿、户外运动营地及相关基础设施建设小规模用地需要，积极探索适宜供地方式，鼓励相关设施融合集聚建设。优化国有物业资源出租管理，适当延长租赁期限，更好满足超市、便利店等消费场所用地用房需求。支持利用社区存量房产、闲置房屋等建设便民网点。允许有条件的社区利用周边空闲土地或划定的特定空间有序发展旧货市场。

（二十）压实各方责任。国家发展改革委、商务部等有关部门要充分发挥完善促进消费体制机制部际联席会议制度作用，强化协同联动，加强督办落实。国家统计局要完善服务消费统计监测，建立健全网络消费等消费新业态新模式统计体系。各地区要加强组织领导，完善配套方案，切实推动本意见提出的各项任务措施落地见效。

国务院办公厅
2022年4月20日
（此件公开发布）

当前，整个全球经济和我国经济正进入一个新动能持续培育的过程中，特别是在党的二十大报告中指明了中国式现代化发展方向之后，我国的双循环战略正在逐步深入经济运行体系改革的方方面面，这将给经济未来拾阶而上创造更多的高质量发展新动能。本书还遴选了部分最新相关政策，以目录形式供读者参考查阅。

[1] 中共中央 国务院印发《扩大内需战略规划纲要（2022—2035年）》

[2]《工业和信息化部 国家发展改革委 国务院国资委关于巩固回升向好趋势加力振作工业经济的通知》（工信部联运行〔2022〕160号）

[3]《关于印发促进工业经济平稳增长的若干政策的通知》（发改产业〔2022〕273号）

[4]《国家发展改革委等部门印发〈关于促进服务业领域困难行业恢复发展的若干政策〉的通知》（发改财金〔2022〕271号）

[5]《上海市人民政府关于印发〈上海市提信心扩需求稳增长促发展行动方案〉的通知》（沪府规〔2023〕1号）

[6]《上海市人民政府关于印发〈上海市助行业强主体稳增长的若干政策措施〉的通知》（沪府规〔2022〕12号）

[7]《上海市人民政府关于印发〈上海市加快经济恢复和重振行动方案〉的通知》（沪府规〔2022〕5号）

[8]《关于印发〈上海市科技型中小企业和小型微型企业信贷风险补偿办法（2023年版）〉的通知》（沪财发〔2022〕8号）

[9]《上海银保监局关于进一步完善金融服务 优化上海营商环境和支持经济高质量发展的通知》（沪银保监发〔2023〕24号）

[10]《上海海关促进总部企业高质量发展若干措施》

[11]《上海市提信心扩需求稳增长促发展行动方案》税收政策操作细则

……

国务院关于《长三角生态绿色一体化发展示范区国土空间总体规划（2021—2035年）》的批复

国函〔2023〕12号

上海市、江苏省、浙江省人民政府，自然资源部：

自然资源部《关于报请批准〈长三角生态绿色一体化发展示范区国土空间总体规划（2021—2035年）〉的请示》（自然资发〔2023〕5号）收悉。现批复如下：

一、原则同意《长三角生态绿色一体化发展示范区国土空间总体规划（2021—2035年）》（以下简称《规划》），请认真组织实施。

二、《规划》是长三角生态绿色一体化发展示范区（以下简称示范区）规划、建设、治理的基本依据，要纳入国土空间规划"一张图"并严格执行，强化底线约束。到2035年，示范区耕地保有量不低于76.60万亩，其中永久基本农田不低于66.54万亩；生态保护红线不低于143.32平方公里；城镇开发边界面积控制在647.6平方公里以内；示范区规划建设用地总规模控制在803.6平方公里以内，其中先行启动区规划建设用地总规模控制在164.7平方公里以内。

三、《规划》实施要以习近平新时代中国特色社会主义思想为指导，全面贯彻落实党的二十大精神，扎实推进中国式现代化，完整、准确、全面贯彻新发展理念，着力推动高质量发展，坚持以人民为中心，统筹发展和安全，促进人与自然和谐共生；以生态优先、绿色发展为导向，立足区域资源禀赋和江南水乡特色，保护传承文化与自然价值，促进形成多中心、网络化、集约型、开放式、绿色化的区域一体空间布局；以国土空间规划"一张图"为依托，统筹各类专项规划，完善区域一体化空间治理机制；重点围绕基础设施互联互通、公共服务共建共享、生态环境共治共保，实现绿色经济、高品质生活、可持续发展有机统一，在长江三角洲区域一体化发展中更好发挥示范引领作用。

四、上海市、江苏省、浙江省人民政府要加强组织领导，明确责任分工，健全工作机制，完善政策措施，在《规划》的指导下，高水平推进示范区建设。要严守《规划》确定的"三区三线"等国土空间管控底线，聚焦生态绿色一体化，把生态保护好，不搞大开发，切实提高土地节约集约利用水平，防止扩大建设用地规模，严格控制开发强度，严禁随意撤并村庄搞大社区、违背农民意愿大拆大建，严禁违规兴建政府性楼堂馆所。

五、自然资源部要会同有关方面根据职责分工，密切协调配合，加强指导、监督和评估，加快建立《规划》实施的全生命周期管理制度，确保守住《规划》目标，坚决维护《规划》严肃性和权威性。《规划》实施中的重大事项要及时请示报告。

国　务　院
2023年2月4日
（此件公开发布）

高标准建设上海自贸试验区新片区、高水平建设长三角生态绿色一体化发展示范区、高品质建设上海虹桥商务区，是加快推进科创产业和重大基础设施等重要领域项目建设的重要政策引领，应进一步加大资源要素和体制机制保障的力度，鼓励更高品质的建设和发展。本书还遴选了部分最新相关政策，以目录形式供读者参考查阅。

[1]《国务院办公厅关于深入推进跨部门综合监管的指导意见》（国办发〔2023〕1号）

[2]《国务院关于虹桥国际开放枢纽建设总体方案的批复》（国函〔2021〕21号）

[3]《上海市信用办　江苏省信用办　浙江省信用办　安徽省信用办　关于印发〈2022年长三角区域信用合作工作计划〉的通知》（沪信用办〔2022〕4号）

[4]《关于印发〈关于上海市进一步推动海铁联运发展的实施意见〉的通知》（沪发改城〔2022〕65号）

[5]《上海市人民政府关于印发〈虹桥国际开放枢纽中央商务区"十四五"规划〉的通知》（沪府发〔2021〕14号）

[6]《上海市人民政府办公厅印发〈关于支持虹桥国际中央商务区进一步提升能级的若干政策措施〉的通知》（沪府办发〔2022〕4号）

[7]《关于印发〈临港新片区国际数据产业专项规划（2023-2025年）〉的通知》（沪自贸临管委〔2023〕2号）

[8]《关于印发〈中国（上海）自由贸易试验区临港新片区建筑领域低碳发展行动方案〉的通知》（沪自贸临管委〔2022〕149号）

[9]《关于印发〈临港新片区加快创新资源聚集、增强经济发展新动能行动方案（2022~2025）〉的通知》（沪自贸临管委〔2022〕92号）

……